点峰阅读文库
DIANFENG YUEDU WENKU

中华传统美德百字经

坚·坚韧顽强

于永玉 程 晴◎编

一段历史之所以流传千古，是由于它蕴涵着不朽的精神；一段佳话之所以人所共知，是因为它充满了人性的光辉。感悟中华传统美德，获得智慧的启迪和温暖心灵的感动；品味中华美德故事，点燃心灵之光，照亮人生之路。

天津人民出版社

图书在版编目（CIP）数据

坚：坚韧顽强 / 于永玉，程晴编. —天津：天津
人民出版社，2012.6
（巅峰阅读文库. 中华传统美德百字经）
ISBN 978-7-201-07602-7

Ⅰ. ①坚… Ⅱ. ①于… ②程… Ⅲ. ①品德教育—中
国—通俗读物 Ⅳ. ① D648-49

中国版本图书馆 CIP 数据核字 (2012) 第 133736 号

天津人民出版社出版

出版人：刘晓津

（天津市西康路 35 号 邮政编码：300051）

邮购部电话：（022）23332469

网址：http://www.tjrmcbs.com.cn

电子信箱：tjrmcbs@126.com

永清县晔盛亚胶印有限公司印刷 新华书店经销

2012 年 6 月第 1 版 2012 年 6 月第 1 次印刷

690×960 毫米 16 开本 10 印张 字数：100 千字

定价：19.80 元

中国是一个具有悠久历史和灿烂文化的文明古国，也是举世闻名的礼仪之邦。在历史的长河中，中华民族创造出了绚丽多彩的物质文化和精神文化，为人类的发展和进步做出了重要贡献。其中，中华民族的传统美德被大家代代传承。

那么，什么是传统美德？什么是中华民族的传统美德呢？通常来说，传统美德就是在自觉或习俗的道德规范中，一些被大多数人所接受并实际奉行的，而且在现代仍有着积极影响的那些美德。具体到中华民族传统美德，概括起来就是指中华民族优秀的民族品质、优良的民族精神、崇高的民族气节、高尚的民族情感以及良好的民族礼仪等，是中华民族在历史实践过程中积累而成的稳定的社会优秀道德因素，体现在人们生活的方方面面，涉及政治、经济、文化、意识等领域，并通过社会心理结构及其他物化媒介得以代代相传。

前 言

经过长期的历史沉淀，中华传统美德已融入到中华民族的思想意识和行为规范中，成为社会道德文化的遗传基因，成为整个中华民族文化的精神内涵，也是中华五千年文明史的精髓所在。继承和弘扬中华民族传统美德，可以振奋民族精神，增强民族自尊心、自信心、自豪感和凝聚力，使社会主义道德规范具有更丰富的内涵，让社会主义、集体主义、爱国主义思想等更加深入人心，成为社会主义文化的主旋律。同时，还可以更好地协调人际关系，促进社会主义市场经济的健康发展，形成有中国特色的、适应社会发展的价值观和伦理道德规范。

国民的思想道德状况，尤其是青少年的思想道德状况，直接关系着一个国家、一个民族的整体素质，关系着国家前途和民族命运。目前，我国已进入改革发展的新时期新阶段，德育教育的价值和意义更是日渐凸显。大力弘扬中华传统美德，建设社会主义核心价值体系，促进社会主义文化的发展和繁荣，是建设全面小康社会的主要任务，更是实现中华民族伟大复兴的必然要求。因此，党中央非常注重我国公民道德建设，全社会也已形成了加强和改进思想道德建设的新风尚。

青少年是国家的希望，是民族不断发展和延续的根本，因此，青少年德育教育就显得更加重要。为了增强和提升国民素质，尤其是青少年的道德素质，我们特意精心编写了本套丛书——《中华传统美德百字经》。

坚·坚韧顽强

本套丛书立足当前公民，尤其是青少年思想道德教育的现实，将中华民族的传统美德归纳为一百个字，即学、问、孝、悌、师、教、言、行、中、庸、仁、义、敦、和、谨、慎、勤、俭、恤、济、贞、节、谦、让、宽、容、刚、毅、睦、贤、善、良、通、达、知、理、清、廉、朴、实、志、道、真、立、忠、诚、公、正、友、爱、同、礼、温、信、尊、敬、恭、恕、责、仪、精、专、博、富、明、智、勇、力、安、全、平、顺、敏、思、积、利、健、率、坚、情、养、群、严、慈、创、新、变、革、争、谏、诲、齐、省、克、竞、求、简、洁、强、律。丛书内容丰富、涵盖性强，力图将中华民族传统美德的内涵囊括进去。丛书通过故事、诗文和格言等形式，全面地展示了人类永不磨灭的美德：诚实、孝敬、负责、自律、敬业、勇敢……

这些故事在中华民族几千年的历史长河中，一直被人们用来警醒世人、提升自己，用做道德上对与错的标准；同时通过结合现代社会发展，又使其展现了中华民族在新时代的新精神、新风貌，从而较全面地展示了中华民族的美德。

在本套丛书中，为了帮助读者更好地理解这些源远流长的传统美德，我们还在每一篇故事后面给出了"故事感悟"，旨在令故事更加结合现代社会，结合我们自身的道德发展，以帮助读者获得更加全面的道德认知，并因此引发读者进一步的思考。同时，为丰富读者的知识面，我们还在故事后面设置了"史海撷英"、"文苑拾萃"等板块，让读者在深受美德教育、提升道德品质的同时，汲取更多的历史文化知识。

前 言

这是一套可以打动人心灵的丛书，也是可以丰富我们思想内涵的丛书……《中华传统美德百字经》向我们展示的是一种圣洁的、高尚的生活哲学。无论在任何社会、任何时代，给予人类基本力量的美德从来不曾变化。著名的美国政治家乔治·德里说："使美国强大的不是强权与实力，而是上帝赐予的美德。假如我们丢失了最根本且有用的美德，导弹和美元也不能使我们摆脱被毁灭的命运。"在今天，我们可能比任何时候都更应关心道德问题，尤其是青少年的道德问题，因为今天我们正逐渐面临从未有过的道德危机和挑战。

人生的美德与智慧就像散落的沙子，我们哪怕每天只收集一粒，终有一天能积沙成塔，收获一个光辉灿烂的明天。《中华传统美德百字经》中的美德故事将直指我们的内心，指向人性中善良的一面，唤起我们内心深处的道德感。因此，中华民

族的传统美德也一定会在我们的倡导和发扬之下，世世传承，代代延续！

全套丛书分类编排，内容详尽、文字优美、风格独具，是公民，尤其是青少年思想道德建设的优秀读物。愿这些恒久流传的美文和故事能抚平我们每个人驿动的心，愿这些优秀的美德种子能在青少年身上扎根、发芽、生长……

坚·坚韧顽强

　　或许你知道唐朝玄奘是怎么经历了九九八十一难而取得真经的，可是你知道当今世界上单腿独臂骑自行车行程最远的人吗？或许你很佩服勾践的大臣范蠡靠自己的双手发家致富，可是你知道香港首富李嘉诚的事迹吗？你也许没有听说过给沙漠穿绿衣的地球保姆，也不知道奥运健儿们成功背后的辛酸！

　　但是，我们应该知道，他们都是坚韧顽强的人，都有着顽强的生命力，有着坚定的意志。在困难面前奋斗不已、不屈不挠。

　　我们中华民族自古以来就是有着优秀美德的民族，自古到今人们都在用自己的生活诠释着坚韧顽强的精神，并且将其展现得淋漓尽致。

　　世界上没有任何一件事在没有做之前就能肯定百分之百会成功。面对困难和失败，我们只能以顽强和坚韧自勉，直到取得成功。成功的人与失败的人只有一个区别：是否做到顽强和坚韧。

　　顽强与坚韧是行动的基本准则，是一个人走向成功非常重要的心理素质之一。一个人只有心里充满必胜的信念，对自己所从事的事业确信无疑，并且有坚忍不拔的意志，才能迈出坚定的步伐，才能有克服困难的力量与智慧，想出战胜困难和解决问题的方法，赢得他人的信赖与支持，最后达到目标。

　　许多人都认为耗费大量的人力、物力去攀登珠穆朗玛峰是非常愚蠢的行为，因为有许多人为此付出了宝贵的生命，即使登上山顶的人也是空手而归，这实在是一件不划算的事情。但在记者采访一位登上珠峰的队员时，他说："当我登上珠穆朗玛峰后，我才发现，原来我什么也没有征服，征服的只是我自己。"

　　其实，登上珠穆朗玛峰这种行为就是要证明人类顽强和坚韧的能力，以鞭策、鼓励、激发人们的勇气。当你遭遇挫折时，你所要做的，就是要顽强和坚韧，用信心和毅力支撑着自己继续走下去。

　　许多成功人士，他们小时候家里贫穷，没有受过很高的教育，但是对他们而言，资本、学识、家境、机遇都不是成功的决定性因素。他们成功的秘密就是坚韧和顽强，这也是他们最大的财富。要生存，就要进取；要成功，就要坚韧。他们就是凭借这种自强不息，向挫折、困难挑战的不屈毅力，才取得事业上的成功。

如果一个人对自己从事的职业充满怀疑，滋生颓废的心理，那么他就不会全身心地投入工作，就不能以坚韧的意志和顽强的精神贯穿始终，遇到困难就会马上退缩，这样他所做的工作就会前功尽弃、半途而废。所以要想干成一件事，必须要具有昂扬的斗志和激情，抱定必胜的信心。成功需要机遇，但成功者凭借的是坚韧和顽强的精神。始终坚定自己的信念，无论发生什么都不放弃。

我们是幸福的一代，享受着前人给我们带来的丰富的物质生活，没有经历过什么艰难困苦，但是我们的生活中也有困难，有挫折，我们需要前辈的这种精神！我们应该继承民族的优良传统美德，并把它发扬光大。

读完此书你会对坚韧顽强有更深的了解，你会发现尽管我们生活在和平和物质生活极大丰富的年代，坚韧顽强的精神还是需要我们继承，需要我们去发扬光大。汶川地震中的解放军战士、受伤后的刘翔，他们都用行动证明着这一点。

人的一生经历都不相同，但相同的是每个人都有自己毕生都在努力去追求的目标，那么坚持住吧，永远不要放弃，并坚信，总有一天这个目标会实现的。

目录

I

坚·坚韧顽强

第一篇

路漫漫其修远兮

鉴真东渡日本

◎黄沙百战穿金甲，不破楼兰终不还。——王昌龄

> 鉴真，唐代僧人，俗姓淳于，扬州江阳县（今扬州）人。晚年受日僧邀请，东渡传律，履险犯难，双目失明，终抵奈良。在传播佛教与盛唐文化上，鉴真做出了很大的历史功绩。鉴真不仅为日本带去了佛经，还促进了中日佛学文化的交流。在佛教、医药、书法等方面，鉴真对于日本有极其深远的影响。

隋唐时期是中日文化交流的高峰时期，这一时期涌现出了一大批文化传播的使者，我国的高僧鉴真便是其中最杰出的人物之一。

鉴真勤奋好学，遍投名师，潜心钻研佛教经典。他还远游到长安、洛阳求学。经过多年的努力，鉴真成为一名佛学造诣很深的高僧。

那时，在日本，许多人不履行一定的手续就私自剃去头发，穿上僧衣，佛教界曾一度出现混乱状况。为了建立像唐朝那样严格而正规的受戒制度，日本政府派人到唐朝来请高僧鉴真。

来人向鉴真表达了请他东渡日本宣传佛法的意向，鉴真不顾自己年老体弱，爽快地答应了。

当时海防很严，政府不允许国人随意出海。于是鉴真便秘密进行准备，对人说是到天台山国清寺供奉，因陆路难行才改走水道的。可是，就在出发的前夕，他的出海计划被官府知道了。这样，第一次东渡失败了。

不久，鉴真托人买了一艘大船，雇佣了几十名水手，悄悄地从扬州出发。不料船刚到长江口，就遭到巨浪袭击，船也损坏了，第二次东渡也失败了。

过了些日子，船修好了，鉴真领着弟子们再度出海东渡。但是刚行至舟山海面，船只触礁沉没。鉴真等人虽游上了岸，保住了性命，但第三次东渡之事自然化为泡影。

随后的第四次东渡也因途中船只被官府查扣而未能成行。

经过精心筹备，鉴真再度从扬州崇福寺扬帆出海，可是再次遭遇风暴，船只漂流到海南岛南部，第五次东渡又失败了。这一次失败对鉴真打击尤为沉重。他的好友日僧荣睿和得意弟子祥彦先后逝去，自己也在颠沛之中双目失明。尽管如此，鉴真东渡的决心丝毫没有动摇。

公元753年，双目失明的鉴真毅然决定再次东渡。鉴真在弟子们的护送下离开扬州龙兴寺，并沿江而下到苏州，乘坐日方遣唐使团的船只赴日。随鉴真同行的还有24位中外知名的僧尼和居士。

一个多月后，鉴真一行终于平安登上日本海岸。日本天皇得知高僧鉴真到来，派专使迎至京都，并将鉴真一行赐居于东大寺。

鉴真六次东渡，历经磨难，终获成功。他随船带去了大批佛教典籍和大量佛事用品。到日本后，鉴真积极宣传佛法和戒律，为弘扬佛学文化和促进中日文化交流做出了突出贡献。

◎故事感悟

鉴真立志东渡日本，五次努力五次失败，失去了好友和得意弟子，自己也双目失明。但这些却丝毫没有动摇他的意志，他终于成功了。他的努力不仅实现了他的人生价值，也大大促进了中日的文化交流。生活总会给我们设置障碍、出难题，但我们只要坚定目标，坚定信念，克服困难，就一定会柳暗花明。

◎史海撷英

鉴真和尚在日本

鉴真率北子20多人于公元753年到日本后，受到日本孝谦女皇和各级官员

隆重、热情的接待。鉴真也献上了贵重的礼品,如王羲之、王献之的书法真迹。754年三月,日本敕使对已到日本首都奈良的鉴真一行宣读了日本天皇的诏书:"大和尚远涉沧波,来到我国,朕不胜欣慰,自今以后,授戒传律都由大和尚担任。"四月初,在东大寺设戒坛,由鉴真登坛主持,先后为太皇、皇太后、皇子及400余位僧人授戒。756年,孝谦天皇任命鉴真为大僧都,统理日本僧佛事务。758年因日本皇室内部政争,鉴真卸任,被尊称"大和上",恭敬供养。759年,鉴真率弟子仿扬州大明寺格局设计修建了唐招提寺,对日本建筑艺术有重要影响。鉴真在此授戒讲经,把佛教律宗传至日本,成为日本律宗始祖。鉴真还精通医学,为人治病,并留下自著《鉴上人秘示》医书一卷,对日本医药学的发展作出了贡献。他带到日本的中国佛经印刷品和书法碑帖对日本的印刷术和书法艺术影响巨大。

◎文苑拾萃

鉴真东渡

万里东瀛我来渡,大浪巨礁休拦阻。

既然扬州发宏愿,定叫佛法到日出。

毕生追求真理

◎身如逆流船，心比铁石坚；望父全儿志，至死不怕
难。——李时珍

> 李贽（1527—1620年），初姓林，名载贽，后改姓李，名贽，字宏甫，号卓吾，
> 又号温陵居士。我国明代著名的思想家、文学家。幼年丧母，随父读书，学业进步迅
> 速。自幼倔犟，善于独立思考，不受程朱理学传统观念的束缚，具有强烈的反传统理
> 念。他在社会价值导向方面，批判重农抑商，扬商贾功绩，倡导功利价值，符合明中
> 后期资本主义萌芽的发展要求。

李贽一生追求真理，离经叛道。1602年，一封奏折惊动了万历皇帝，不
久李贽的书被列为禁书。

此时的李贽从姚安知府辞官归隐已20余年，正养病于河北通州，已是
位75岁高龄的老人。一个早已退出政坛的衰迈老人，为何令朝廷上下如此
惊恐不安呢？原来奏章中都是种种污蔑构陷之辞，称他的书"流行海内，
惑乱人心"。

李贽思想的叛逆性从《焚书》、《续焚书》、《藏书》、《续藏书》这些怪异
的书名中就能看出来。在这些著述中，李贽反对迷信孔子，反对以经书开科
取士，"两汉以来都以孔子的是非观来判定是非，所以没有是非"。他痛斥根
深蒂固的男尊女卑观念，揭穿"存天理，灭人欲"的宋明理学之说的虚伪……
他一直以"异端"自居。

李贽在人生苦难中挣扎，在宦海中沉浮，看透了封建道德的荒谬和假道
学的伪善。他直抒己见，理直气壮地做他认为正确的事。为此，他得罪了一

个个好友、高官，致使他仕途坎坷；他生计艰难，七个儿女六个夭折；他四处遭受攻击，连住所也被人烧掉。但他从不动摇。他的著述不胫而走，人们竞相传抄、刊刻，到处都有他的刻本，总计"不下数十百种"。

不久，锦衣卫的差人从京城赶来拘捕他。听着杂乱的脚步声，看着门人慌乱的神色，问明了来人，已经卧病三个月的李贽奋力挣扎着爬下床来，大声喊道："那是来抓我的，快拿门板来抬我去！"他镇静地躺在门板上，在差人的押解下进了京城，下了监狱。一路风雨劳顿，他的身体已经十分虚弱了，升堂时由差人架上堂，卧于阶上受审。面对审问，他高声作答："我写的书很多，都在，尽可以审查，对人们只有好处，没有坏处。"审判官员无话可说，审完了也没做定论。李贽无所畏惧，作诗明志，将生死置之度外。

审讯抓不住有力的罪证，呈报也久久没有批复，李贽的身体却日益虚弱。他自知来日无多，决心以一死相抗争。一天他要人给他剃头，乘机夺过剃刀自杀身亡。

一个反封建的斗士，就这样走完了他抗争的一生。李贽辞世了，他的书在明代遭到两次查禁，清代也被列入禁毁书目，长达数百卷的《明史》中没有他的传记。但是无论怎样，他的书仍广泛流传，深刻影响了后来的思想家。

◎故事感悟

李贽一生追求真理，不管遇到什么困难和阻挠也不放弃自己追求真理的信念，他为了追求真理，将生死置之度外，是我们学习的榜样。

◎史海撷英

靖难之役和营建北京

明太祖把儿孙分封到各地做藩王，藩王势力日益膨胀。明太祖死后，孙子建文帝即位。建文帝采取了一系列削藩措施，严重地威胁了藩王的利益。坐镇北平的燕王朱棣以"清君侧之恶"的名义联合各个藩王举兵反抗朝廷，随后挥师南下，史称"靖难之役"。1402年，朱棣攻破明朝京城南京，战乱中建文帝下落不明。同年，朱棣即位，就是明成祖。第二年，改元永乐，改北平为北京。1421年，北京城全部主体工程建成，朱棣正式迁都北京，称北京为京师，南京为留都。

靖难之役是明朝开国皇帝朱元璋死后不久爆发的一场统治阶级内部争夺皇位的战争，历时四年。

◎文苑拾萃

李贽与其著作

《焚书》六卷和《续焚书》五卷两部书收录了李贽这位著名思想家、文学家生前所写的书信、杂著、史评、诗文、读史短文等，表明了他的政治思想和哲学思想，体现了他义无反顾的斗争精神，以及他沉湎于佛经而产生的苦闷彷徨。

《焚书》、《续焚书》是李贽反对封建传统思想的力作。书中对儒家和程朱理学的大胆批判所表现的反传统、反权威、反教条精神，启迪与鼓舞了当时及后来的进步学者，对人们解放思想、摆脱封建传统思想的束缚产生了极大的影响，因而被统治阶级视为洪水猛兽。李贽也深知其见解为世所不容，故将著作命名为《焚书》，以后也果然于明清两代多次遭焚烧，但却是屡焚屡刻，在民间广为流传。李贽不屈不挠的斗争精神也成为后世之楷模，五四时期进步的思想家把他当做反孔的先驱。

给沙漠穿绿衣

◎只要努力干，沙漠就是绿色银行。——牛玉琴

牛玉琴（1949—　　），中共党员，靖边县东坑镇金鸡沙村农民。从1984年起，牛玉琴先后获得中国"十大女杰"、全国"三八"红旗手、全国"劳动模范"、全国"优秀共产党员"、联合国"拉奥博士"等八十六项国际、国内及省、市级表彰奖励，先后受到江泽民、胡锦涛等党和国家领导人的多次接见，1988年起当选为陕西省第七届、第九届、第十届人大代表，1998年起当选为第九届、第十届全国人大代表。

　　牛玉琴与共和国同龄，她在15年的时间里，跟家人一起共治理、绿化了11万亩沙漠。

　　金鸡沙村紧靠内蒙古的毛乌素大沙漠，一到春天刮风时，大量的沙子漫天飞舞，严重地影响了农作物的生长。而牛玉琴家的屋后就是沙漠。她和丈夫张加旺常常望着那漫天的飞沙而暗自盘算：什么时候能够把沙治好呢？

　　十一届三中全会后，农村实行了联产承包责任制，牛玉琴一家分到了30多亩地，他们的生活渐渐有了起色。1983年，他们开始在荒沙上放羊。为了让放羊的孩子能有个纳凉的地方，两口子就试栽了几棵果树，结果树都活了下来。这一来，牛玉琴有信心了。当时政府正号召农民承包并治理荒沙地，牛玉琴两口子跟父母和孩子商量后，决定承包万亩荒沙大干一场。但光是自己家干不行，还得左邻右舍一起干才好。牛玉琴把她的想法和村里人一说，马上招来反对：万一政策变了，大家不是白干一场吗？牛玉琴想，这是为子孙后代造福的好事，即使政策变了我们也不后悔。

1985年的元月，张加旺跟乡里村里都签订了承包合同，年限是15年，还专门去县里进行了公证。当时夫妻俩提出的口号是"一年覆盖，三年补齐，五年初见成效"。

要完成一年覆盖的任务谈何容易，一没资金，二没技术，三没劳力。最头痛的还是缺资金。一家人省吃俭用，把家里能卖的都卖了。有一次小儿子病了，几天吃不进饭，牛玉琴想做两个鸡蛋给儿子吃，可懂事的儿子却拒绝了，他要把鸡蛋换成钱来买树苗。这种让牛玉琴感动又难过的事，不知发生过多少次。有一年，牛玉琴作为"名人"到北京开会，当人家出去逛商店给家人买东西时，她只好待在房间里，因为她知道出去就要花钱，而省下10块钱就能买好几棵树苗呢。

牛玉琴早就有了心理准备，苦和累她都不怕。但是让牛玉琴怕的是，丈夫张加旺因小腿患肿瘤，住进了医院需要做手术，而此时公公年老体弱，婆婆患精神病，生活不能自理已经30多年。医院里要人伺候，家里栽树人手又紧，牛玉琴没办法，只好让12岁的小儿子退了学照料父亲。可是祸不单行，牛玉琴自己患阑尾炎也住进了医院。在最困难的时候，有人劝牛玉琴把树卖了算了，牛玉琴却死活不卖，她说这是全家人的事业，就是10万元百万元也不卖。后来，张加旺的病情加重了，他放不下治沙的大事，给未来的孙子取名为"张继林"，意思是子孙后代都要治沙造林绿化祖国。

在15年的时间里，牛玉琴是"冬天一身水，夏天一身泥，刮风当梳头，下雨当洗脸"。所以，大家用"给沙漠穿绿衣的地球保姆"来称呼牛玉琴。

在自己生活还十分困难的时候，牛玉琴就想到了要办小学，为的就是村里的孩子能就近上学。现在，牛玉琴办起了家庭农林牧场，她承包了内蒙古的1万多亩沙地，不仅种树，而且还要大力发展养殖业。牛玉琴说，只要努力干，沙漠就是绿色银行。

◎故事感悟

只要努力干，沙漠就是绿色银行，这是牛玉琴的坚定信念。即使再苦再累，也要坚持到底。牛玉琴用成功的事实告诉我们，只要有顽强的毅力，理想就能实现。

◎史海撷英

我国的防沙措施

长期以来，党和政府始终将防沙治沙作为一项重要战略任务，采取了一系列行之有效的政策措施。多年来，特别是最近几年，我国防沙治沙重点工程建设取得了重大的进展。国家相继实施了京津风沙源治理、三北防护林四期、退耕还林、退牧还草、草原保护、小流域综合治理等一系列生态建设工程，年均有效治理面积近百万公顷，全国已有20%的沙化土地得到不同程度的治理。重点治理区林草植被覆盖度增加了20个百分点以上，一些地方生态状况明显改善，大江大河泥沙淤积逐年减少，有力地推动了全国生态状况的持续好转。

◎文苑拾萃

唯天下至诚，创世间奇迹

宋代二程理学认为"学者不可以不诚，不诚无以为善，不诚无以君子。修学不以诚则学杂"。可以说，至诚之心是一切事业得以成功的保证。

从事任何事情不真诚就可能导致失败。只有出于诚，才能对事真心实干、脚踏实地、有始有终，才能激起巨大的热诚和激情，充分发挥自己的潜能，不达目的决不罢休。

正如曾国藩所说，只要有至诚之心，则天下无不可以为之事矣。

为敦煌奋斗一生

◎天下兴亡，匹夫有责。——顾炎武

常书鸿（1904—1994年），满族人，生于浙江杭州。1927年6月赴法国。1932年夏以油画系第一名的成绩毕业于里昂国立美术学校，并通过里昂油画家赴巴黎学习的公费奖学金考试。1933年进入巴黎高等美术学校——新古典主义画家、法兰西艺术院院士劳朗斯画室学习。1943年3月24日来到敦煌莫高窟，在满目苍凉、残垣断壁的寺院中建立了"敦煌艺术研究所"，并展开了对敦煌艺术的初级保护以及对壁画、彩塑的考察、临摹、研究等工作，成为中国敦煌石窟艺术保护与研究的先驱。

常书鸿年轻时在欧洲留学，学的是油画。当时他的画在法国已经有些名气了，专门有人上门订购他的画，他的生活过得舒适而富足，并且已经在法国安了家。

平时，常书鸿常常去一些艺术博物馆观摩学习，在那里，他看到了令人伤心的一幕：我们国家的一些珍贵的艺术品，特别是敦煌石窟中的一些艺术精品，竟然被法国人"收藏"在那里。作为一名艺术家，常书鸿虽然知道艺术无国界的道理，但是他觉得，祖国的艺术珍品再也不能流落在外，再也不能被人掠夺了。那时他心里有一个梦，一个保护敦煌、保护中国古老艺术的梦。

国家兴亡，匹夫有责，画家也要为抗日救国出力。抗日战争爆发后，常书鸿在法国就更无法待下去了，他毅然抛弃了在法国的舒适生活，带着妻子回到祖国。回国后，他在一所大学里做美术系的教授和系主任，他觉得他要开始为心里的梦想而奋斗了。

常书鸿终于来到了日思夜想的敦煌。敦煌石窟千姿百态却又千疮百孔，他为这样一座稀世石窟没有专人保护、管理和研究而感慨……在敦煌石窟里，常书鸿暗暗地立下誓言：要在敦煌干一辈子，为保护和发掘祖国的艺术宝库而奋斗一生。

从此，常书鸿就在西北荒漠中扎下了根。没有房子住，他就住在千佛洞的一个破庙里；没有电灯照明，他就在一盏昏暗的油灯下伏案工作；睡的是土炕，吃的是河滩上用咸水煮出来的半生不熟的厚面片，而且还没有筷子，只得用树枝削两根筷子将就一下。常书鸿觉得，生活可以将就，自己也可以风餐露宿，但祖国的艺术珍宝却不能将就，必须尽快地保护起来。就在这种艰苦的条件下，同样也是学艺术的妻子却实在不能忍受了，在国外过惯舒适生活的她，觉得一下子从天上到了炼狱，而且是那种永无止境的炼狱生活。没有办法，妻子要离开他到大城市中继续她的艺术梦，而常书鸿却要在敦煌的石窟中实现自己的梦想。妻子走了，家也没有了，常书鸿就把敦煌当做自己的家，他几乎成了一个"山顶洞人"。

日复一日，年复一年，从一个洞窟到一个洞窟，从一尊塑像到一尊塑像，常书鸿都将它们一一编号、造册、登记，然后再整理临摹。从清晨到傍晚，常书鸿都待在光线昏暗、阴冷潮湿的石窟里，一丝不苟地画着、临摹着……在洞窟里，他看到岁月的刻刀正无情地侵害着我国的艺术瑰宝；他看到时间的风霜正磨蚀着古老的飞天。每时每刻，这些中华民族的艺术宝藏都有可能毁在那不知不觉中……常书鸿四处奔走，他呼吁求救，终于，他保护敦煌石窟的拳拳之心感动了大家。经过多方的努力，一堵1000多米长的沙土墙修建起来了，挡住了流沙的侵蚀，还能防止牲畜的糟蹋。

几十年过去了，常书鸿以石窟为伴，以敦煌为家。他甘于寂寞，甘于清贫，但是他不甘于祖国的艺术宝库埋没于西北荒漠的流沙之中。常书鸿辛勤忘我的工作使敦煌千佛洞的艺术宝藏得以较好地保存并闻名于世界。他把自己的一生、把自己的所有才华都奉献给了敦煌石窟，奉献给了伟大的祖国。

◎故事感悟

　　常书鸿为了艺术宁愿放弃富足优裕的生活甘愿来到荒漠的西北，为了保护和发掘祖国的艺术宝库，付出了一生。他把才华献给了伟大的祖国，献给了人民。

◎史海撷英

中国文物保护基金会

　　1992年我国创立了中国文物保护基金会。它是经中华人民共和国民政部登记注册的社团法人，并由国家文物局主管的公募性文物保护基金组织。中国文物保护基金会致力于中国文物保护事业。其宗旨是：筹措文物保护基金，资助文物保护项目，传承优秀的民族传统，弘扬悠久的历史文化，为社会的政治文明、物质文明和精神文明建设做贡献。

◎文苑拾萃

敦煌乐

杨 慎

角声吹彻梅花，胡云遥接秦霞。
白雁西风紫塞，皂雕落日黄沙。
汉使牧羊旄节，阏氏上马琵琶。
梦里身回云阙，觉来泪满天涯。

起伏跌宕的刘伯森

◎可使寸寸折，不能绕指柔。——白居易

刘伯森（1869—1940年），江苏武进人。25岁在上海德美洋行供职，清光绪二十六年（1900年）为福建总督许应骙、将军善骐购军火，深受赏识，并合伙开设慎太恒客号，经营煤炭。光绪二十八年，涉足股市，设"刘伯森事务所"，大获其利。刘伯森又创办商学会，担任上海总商会秘书。又办烟厂。清宣统三年（1911年）租办湖北纱、布、丝、麻四局，后因武昌起义，计划失败。后又经营纱厂、纸厂，一度兴旺发达。民国十一年受世界经济萧条影响，纸厂又遭大火，并日军入侵，境况愈下。

我国近代早期著名的民族企业家刘伯森，艰苦创业，历尽坎坷，百折不回，是旧中国民族企业家在夹缝中奋力求存的一个缩影和写照。他一生曾经营三家纱厂（宝成一、二、三厂），两家造纸厂（宝源东厂、西厂）及三星香烟厂。

刘伯森，1869年出身于书香门第。祖父刘养浩是个秀才，在乡里教书。父亲刘凤书，经营埠际贸易。刘伯森6岁入学读书，18岁在家乡开办学馆，25岁到上海，先后在德商、美商洋行做事，一度赴日本长崎、神户考察煤矿生产、运销全过程，大开了眼界。回到上海后他打算自己开设煤号，但由于资金缺乏，未能实现。

1900年，刘伯森任福建省驻上海委员，代福建督办大炮20尊，得到佣金约3000余两。又受他人之托操办进呈慈禧太后的贡品，博得了太后的欢心，受到了丰厚的奖赏。1900年8月，刘伯森与他人合伙开设了一家字号为慎泰恒的货栈经营煤炭，刘伯森出资1万两，自任经理。起始销路不畅，第二年转旺，获得利润3000余两。

1902年春，刘伯森为了积累更多的资金，开始从事股票买卖，增设刘伯森事务所。该所经营金额很大，在抛售洋股耶松船厂股票上一次就获利十三四万两。之后，刘伯森把慎泰恒字号的日常工作交于他人负责，自己则致力于股票买卖，以希望积累更多的资金兴办实业。在短短的两年多的时间里，获利共达30余万两。

当时洋股交易被帝国主义作为掠夺中国人民财富的最凶狠手段。洋股都是由国外厂商发行，这些厂商开设的厂矿企业绝大多数不在中国境内，国人根本无法了解这些厂商的内情和企业的经营状况，只能任凭洋人操纵其股票价格，从中掠夺大量金钱。在洋股交易市场上，人们为了发财致富不惜将多年的辛勤积累全部抛出，结果却大多倾家荡产，家破人亡。刘伯森在经营股票买卖中能够获利，实属侥幸，因此他受到洋人的嫉妒和陷害。

1903年，有一英商股票掮客凭借领事裁制权，串通英国领事和会审员出票拘禁刘伯森，以达到欠款不还讹诈的目的。刘伯森为了维护华人利益，团结商界人士予以抵制。经过一番交涉，终于伸张了正义。经过这件事，刘伯森体会到团结商界的重要性，因而独自出资创办起商学会，聚集知名人士，改组上海商会，另订商会章程，以维护商界利益。

刘伯森通过买卖股票积累了资金，于1904年开始投资兴办实业。这一年，刘伯森与他人各出资5万两成立了三星香烟公司。由于当时英美烟草公司已在上海浦东地区设厂，后来又在香港、汉口、沈阳等地设厂和成立了推销机构，几乎垄断了我国的香烟市场，并且拥有捐税特权，因此弱小的三星香烟公司没有力量和外商香烟公司抗衡，勉强维持了六七年，终于宣告停业。

初战的失利并没有削磨掉刘伯森的锐气。1908年，他又与粤商合伙打算收买英商怡和轮船公司股票100万两，私营轮船、码头业务。由于粤商中途改变主意，私自先行出售所收股票，使刘伯森没有办成此事，并且受到连累，亏损30多万两，他只好把慎泰恒号停业，用来清偿债务。1909年，他又开设宝兴长号，惨淡经营。1911年，刘伯森通过关系，租办湖北纱、布、丝、麻四局，因汉阳失守，办厂计划告吹。1913年，刘伯森和北洋政府交通部签订

年运销10万吨山西阳泉白煤合同，经营煤炭。

从1904年至1913年近10年的时间，由于外受外国资本的排挤，内受时局动荡的影响，刘伯森投资兴办工业一波三折，事倍功半，举步维艰。刘伯森企业的巩固和发展是在第一次世界大战爆发后，欧美帝国主义忙于战争，无暇东顾，他及时抓住这一时机，从1915年至1918年，先后租办了上海伦章纸厂（后改名宝源纸厂西厂），苏州苏纶纱厂（后改名宝通纱厂）、上海裕通纱厂（后改名宝丰纱厂），到1918年三厂共盈利34万两，远销阳泉白煤也有盈余。在此基础上，从1919年至1921年，他又先后新建起宝成一厂和宝成二厂，购进当时我国最大的浦东华章纸厂，在天津新建宝成三厂。经过六七年的时间，刘伯森已拥有七家纱厂和造纸厂，业务蒸蒸日上，获利巨大，此期间也是刘伯森经营企业的全盛时期。

刘伯森在销售产品上采取低价预抛迟交（产品）的办法，在原料购进上采取远期支票高价先收（原料）的办法，取得了很好的效果，扩大了产品销售和原料购进，增加了流动资金和盈利。为了招揽人才，加强技术力量，刘伯森把张謇在南通办的纺织学校毕业生全部引入企业，这些年轻人有热情，懂技术，成为刘氏企业的骨干力量。刘伯森在建造企业时突出"快"字，快建厂房，快装设备，快速投产。五四运动发生后，全国人民掀起抵制洋货、提倡国货运动，为民族工商业发展提供了有利时机，使国内企业发展出现了兴旺景象，刘氏企业处于黄金时代。仅1920年这一年，纱厂、纸厂共获利300多万两。

可是好景不长，从1922年开始，灾祸连结，战后萧条之风、自然灾害，宝源纸厂发生的火灾，与英商打官司等一系列打击使刘氏企业经营趋向萎缩。1925年，刘伯森出于无奈把宝成一二厂出售给日华纱厂，清偿以前的债务（1921年曾向日商东亚兴业株式会社以宝成为抵押贷款500万日元），日商兼并阴谋终于得逞了。刘氏多年的心血付诸东流。1926年宝通纱厂也因无力经营而退租。

遭到种种沉重打击后，刘伯森仍心犹未甘。1927年他在上海又集中精力经营造纸厂，把原宝源造纸厂改组为天章造纸厂。刘伯森采用种种办法与洋商竞争：一是改进技术，提高质量；二是调整售价，使之低于洋纸售价；三是采用直销办法，有比较稳定的销售渠道，得到商务印书馆等用纸大户的支持。这样，天章造纸厂不仅没被洋商挤垮，反而提高了声誉，产品行销全国各地。1932年，一·二八淞沪战争爆发，天章被迫停工。后经努力，又恢复了生产。不料八一三战火又起，天章东西两厂全部停工。上海沦为孤岛以后，天章东西两厂虽再次复工，但景况已不比以前了。

　　刘伯森一生劳碌，屡仆屡起。其实，刘伯森的经营结果绝非个人悲剧，在旧中国历史条件下，有着其客观的必然性，但是他从没有放弃。

◎故事感悟

　　刘伯森一波三折兴办实业，举步维艰，尽管遭到种种沉重打击，但直到生命的最后也没有放弃。这种不屈不挠、百折不回的创业精神，值得后人钦佩和学习。

◎史海撷英

清政府设立商部

　　清光绪二十九年（1903年）清政府设立商部。清政府在推行"新政"中，实行了一些振兴商务、奖励实业的措施，并倡导官商创办企业。

　　1903年4月清廷议定商律，9月成立商部，将以前路矿总局主管的路矿事务并入商部，使商部成为掌管振兴商务及铁路、矿务等事宜的行政机构。商部主官为尚书，左、右侍郎；另设左、右丞，左、右参议各1人；下设保惠、平均、通艺、会计四司，律学馆、商报馆各一所。9月26日，命各省设立路矿农务工艺各项公司。

　　1905年在商部成立商标注册总局。

　　商部先后颁布了《商律》9条、《公司律》113条、《商会简明章程》26条、《商标注册试办章程》28条、《奖励公司章程》、《改订奖励华商公司章程》。

　　这些章程规定，允许自由发展实业，奖励兴办工商企业，鼓励组织商会团体；

规定了若干保护和奖励民族工商业的措施提高了工商业者的社会地位。

商部的成立及其措施客观上有利于投资工商业，促进了民族工商业的发展。

1906年，清政府将工部并入商部，改称农工商部。

◎文苑拾萃

失败只有一种，那就是半途而废

人们无论在生活中还是职场中，都会不断遇到挫折，甚至失败。你如何面对？爱迪生有了一千次失败经历的时候，他坚定地说："那根本不是失败，而是告诉了我一千种不能发电的方法！"

哪怕是最没有希望的事情，只要有一个勇敢者去坚持，到最后就会像爱迪生一样拥有希望。

如果你真的下决心做一件事，上天都会被感动，全世界都会给予你帮助。

对于成功者而言，失败只有一种，那就是半途而废！

鞠躬尽瘁为人民

◎记得当年草上飞，红军队里每相违。长征不是难堪日，
战锦方为大问题。斥鷃每闻欺大鸟，昆鸡常笑老鹰非。
君今不幸离人世，国有疑难可问谁。——毛泽东

> 罗荣桓（1902—1963年），生于湖南省衡山县寒水乡南湾村（今属衡东县荣桓镇），中华人民共和国的开国元勋，中国十大元帅之一。久经考验的忠诚的共产主义战士，坚定的马克思主义者，伟大的无产阶级革命家、政治家、军事家，中国人民解放军和中华人民共和国缔造者之一，中国人民解放军政治工作奠基人，党、国家和军队的卓越领导人。

罗荣桓1927年考上武汉大学，同年加入中国共产主义青年团和中国共产党，1955年9月被授予中华人民共和国元帅军衔。他立党为公，抱病工作，为人民鞠躬尽瘁，死而后已。

1946年7月初，罗荣桓同志出席东北局在哈尔滨召开的会议。会议期间罗荣桓因肾病病情严重，即转赴莫斯科治疗。苏联医生同意我国医生的诊断为肾癌，做了一侧肾脏切除手术。医生要他长期休养，但他不顾医生的劝阻，于1947年6月回国，立即投入到紧张的工作中。7月，根据罗荣桓的意见，东北局有组织、有计划地建设二线兵团，保证主力部队有充足的后备兵力。罗荣桓直接领导了这项工作，在一年多的时间里，组成了164个独立团，共37万多人。这一重大措施，对推动东北解放战争的胜利发展有着深远的战略意义。

由于罗荣桓日夜操劳，健康状况时有不佳。毛主席对罗荣桓同志长期抱病工作极为关切。1950年9月20日，毛主席在罗荣桓的一份报告上指示："你

宜少开会，甚至不开会，只和若干干部谈话及批阅文件，对你身体好些，否则难于持久，请考虑。"

罗荣桓非常感谢毛主席的关怀，但唯独放不下党的工作，依然日夜为军队的建设操劳，完全不考虑自己的身体健康。他数十年如一日，全心全意为人民谋幸福，忠心耿耿为党工作，终因病情恶化，治疗无效，与世长辞，终年61岁。

罗荣桓逝世的当天，聂荣臻向正在开会的中央政治局报告了这一不幸的消息。毛主席提议与会同志起立默哀。毛主席感慨地说："罗荣桓同志逝世了。他数十年如一日，忠于党的路线，很不容易啊！"

◎故事感悟

罗荣桓为了党，为了人民，日夜操劳，鞠躬尽瘁，死而后已。在为信念奋斗的道路上，他为我们作出了榜样。

◎史海撷英

百团大战

1940年8月，华北敌后战场的八路军为了打破日军的"囚笼政策"，从战略上配合正面战场的作战，先后集中了105个团，在彭德怀副总司令的指挥下，对敌进行了一次大规模的战略性进攻战役，史称百团大战。8月20日至9月10日，为战役的第一阶段，这一阶段的中心任务是对华北日军的主要交通线进行总破击；从9月20日至10月10日，为战役的第二阶段，这一阶段的主要任务是乘胜扩大战果，除继续破袭交通线外，重点是拔除交通线两侧及深入抗日根据地内的敌据点。日军华北方面军遭到我连续两个阶段的沉重打击后，深感威胁严重，遂调集数万兵力，从10月上旬起，对我军实施报复性"扫荡"。我军此后即转入反"扫荡"斗争，又予敌痛击。百团大战是抗日战争中八路军在华北地区发动的一次规模最大、持续时间最长的战略性的进攻战役。在这次战役中，中国共产党领导的华北敌后抗日军民齐心协力、前仆后继，同日本侵略者浴血奋战，充分表现了中华民族不屈不挠的战斗精神。百团大战严重地破坏了日军在华北的主要交通线，收复了被日军占领的部分地区，给了侵华日军以强有力的打击。百团大战对坚持抗战、遏制当时国民党妥协投降暗流、争取时局好转起了积极作用，进一步鼓舞了全国人民夺取抗战胜利的信心，提高了中国共产党和八路军的声威。它在中国抗日战争史上写下了光辉的一页。

◎文苑拾萃

鞠躬尽瘁，死而后已

　　"鞠躬尽瘁，死而后已"出自诸葛亮的《后出师表》，意思是说，我一定勤勤恳恳，不辞劳苦，小心谨慎地办事，为国家大事用尽我的力量，一直到死为止。三国时期，蜀主刘备死后，昏庸无能的阿斗（刘禅）继位，他只知享乐，把国内的军政大权交给诸葛亮处理。诸葛亮联吴伐魏，南征孟获，积极准备两次北伐，在最后一次北伐前夕给阿斗写《后出师表》表示自己为国鞠躬尽瘁、死而后已的决心。

为核事业做贡献

◎鞠躬尽瘁，死而后已。——诸葛亮

姜圣阶（1915—1992年），黑龙江省林甸县人，中国著名核科学家之一，国家核安全局局长，后任中国核工业总公司科技顾问。1936年毕业于河北工学院机电系，1950年获美国哥伦比亚大学硕士学位。曾任第二机械工业部副部长。20世纪50年代，在主持永利宁厂改扩建过程中完成了百余项技术革新，其中氨合成塔、流态化技术在硫酸生产中的应用、无烟煤代替焦炭制取合成氨原料气、层板包扎式高压容器等具有创新性。20世纪60年代领导和组建了中国第一个大型军用生产反应堆、核燃料后处理厂，对后处理工艺流程进行了两项革新。20世纪80年代组建国家核安全局，为建立中国核安全监督体系做出了重要贡献。

20世纪60年代的一天，一封加急电报把姜圣阶从南京召到北京。周恩来总理在中南海怀仁堂接见了他。周总理开门见山地告诉姜圣阶："我们的核事业建设遇到了很大的困难，我们要依靠自己的力量制造原子弹。因此，想调你去西北原子能综合工厂任总工程师。"周总理停顿了一下，似乎要给姜圣阶一个考虑的时间。"这是一个艰苦而光荣的任务，行不行你回去考虑一下。"

姜圣阶已年近半百，经历过求学的苦斗，战乱的流离，留洋的思恋，如今刚刚安顿好温暖的家。妻子为了支持他的学业，付出了辛勤和健康，唯一的女儿又病逝了。这沉重的打击使妻子半瘫在床……想到这些，姜圣阶心里有些惴惴不安了，但是周总理的信任和期望，祖国核事业的需要，使他没有第二个选择，他毅然决然地去了大西北。

茫茫戈壁，浩瀚无垠。中国第一个原子能综合工厂就建在这里。姜圣阶是带着一张时间表来的。中央批准了核工业部关于两年内试爆第一颗原子弹的规划，现在只有一年多时间了。

1963年的日历翻完最后一页，能否按时制成核元件，已成为原子弹研制的关键。就在这关键时刻，关键部位却出现了问题：核铸件中心部位发现气缩孔，这表明产品不合格。姜圣阶急得彻夜难眠。他每天去制作车间上班，一道工序一道工序地检查。攻关队伍扩大到20人，从工艺到设备、从模拟结构到浇铸方式，在姜圣阶的主持下，大家集思广益，最后归纳整理出六个方案。经过试验，气泡终于消除了。1964年5月1日，合格的产品生产出来了。1964年10月16日15时，一声惊雷轰响，蘑菇云腾空而起，原子弹爆炸成功！

年过花甲的姜圣阶1975年调回北京，任二机部副部长，主管科研和生产工作。这时一个新的课题又摆到他面前：两弹爆炸成功，核潜艇顺利下水，标志着核体系的形成，核工业如何继续发展呢？只搞军用，不搞民用，发展路子会越走越窄。发展核电，充分利用核能，已经成为核工业一个刻不容缓的课题。在姜圣阶的呼吁、倡导、努力下，核电站上马了。为了确保安全，国家决定成立核安全局。这是一项艰难的开拓性的工作。69岁的姜圣阶出任国家核安全局第一任局长。他满怀热情地投入到了工作中。虽然脑血栓给他的健康带来很大损害，胆切除又给他带来极大痛苦，但都没有影响这位核科学家一心工作的决心。姜圣阶认为人活一辈子要活得有价值，能为党、为祖国奋斗就没有白活！

姜圣阶的努力为我国核事业的发展作出了卓越的贡献。

◎故事感悟

姜圣阶在茫茫戈壁义无反顾地投入到了核事业的建设中，环境的艰难、疾病的折磨和工作任务的繁重都没有压垮他，他用自己的成功体现了人生的价值。

◎史海撷英

我国第一颗原子弹的爆炸

1964年10月16日15时，中国第一颗原子弹准时起爆。一声巨响，中华民族挺直了腰杆。1967年6月17日中国第一颗氢弹爆炸成功。从原子弹到氢弹，美国用了7年4个月，苏联用了4年，英国用了4年7个月，而我们只用了2年8个月！中国核事业50年的发展取得了举世瞩目的辉煌成就：成功研制了原子弹、导弹、核潜艇等尖端武器装备，极大地增强了我国的国防实力和综合国力；改革开放以后，国防科技工业实施保军转民的战略，面向国民经济主战场，发展核电，中国核事业的发展掀开了新的篇章；建立了独立完整的核科技工业体系，为我国战略威慑力量和核能事业发展奠定了坚实的基础；目前，核技术广泛应用于工业、农业、医学、资源、环境、公共安全、科研等诸多领域，取得了显著的社会和经济效益；还培养和造就了一支高素质的人才队伍，孕育了伟大的两弹一星精神，为中国社会先进文化做出了重要贡献。

◎文苑拾萃

庆祝第二次核试验成功

毛泽东

长空又放红核云，怒吼挥拳显巨身。

横目南天震虎口，寄心北海跃龙门。

敢向恶鬼争高下，不向霸王让寸分。

先烈回眸应笑慰，擎旗自有后来人。

这首七律是1965年5月14日毛泽东同志为庆祝第二次核试验成功所作。

为农业做贡献

◎亦余心之所善兮，虽九死其犹未悔！——屈原

　　李冬辉（1922—1990年），河北省农林科学院谷子研究所研究员、所长。李冬辉为振兴中国谷子事业耗尽了心血，苦苦奋斗了一生。

　　李冬辉是河北省农林科学院谷子研究所研究员、所长。多少年来，为摘掉谷子低产帽子，不管遇到什么困难和挫折，他总是执著地追求着、奉献着。

　　1980年9月的一天，李冬辉去参观试验田。他乘的汽车途中发生车祸，身上多处受伤，肋骨被撞折，昏迷了四个多小时。撞伤还没有痊愈，他就心急如焚地出了院，繁忙地工作起来。

　　一天，李冬辉起草了一份谷子科研协作会议文件，一直忙到深夜两点钟。突然，一阵撕心裂肺的咳嗽声让老伴从睡梦中惊醒。老伴十分心疼，起床照顾李冬辉，她发现痰盂里面尽是血，可是李冬辉却继续写着。见到此情此景，老伴恼怒地说："你这是不要命啦！"第二天，在老伴的逼迫下，李冬辉去医院进行了拍片检查，可是没等检验结果出来，他又背起十多公斤的谷种下乡去了。当李冬辉从乡下返回时，等待他的却是"中心型肺癌、淋巴结转移"的无情诊断结果。

　　李冬辉是中国农科院谷子重点科研项目的主持人，并是《中国谷子栽培学》一书的主编之一。他不甘心向病魔屈服，决心用最顽强的毅力夺回生命的每一分钟。

李冬辉又一次住进了医院。手术前后，他不顾大夫的劝阻，抓紧一切可以利用的时间，靠在床头上，伏在小柜上，不停地写呀、画呀，恨不得一下子把工作都做完。在手术后的半年时间里，李东辉修订了《中国谷子栽培学》第二稿，又撰写了《谷子品种志》（河北部分），还制订了谷子育种新计划。

1982年春节前的一天，李冬辉对老伴说："广西试验基地的播种期快到了，过几天我准备去。"老伴一听就急了："那怎么行！你刚做完大手术，身体还没好，不能去那么远。"

李冬辉说："生命留给我的时间不多了，可培育出一个品种却要六七年。我要冬去海南，春到广西，夏回河北，一年完成三年的育种任务。"

李冬辉没有听从老伴的劝阻，老伴也只好陪他在除夕之夜乘上南下广西的列车。李冬辉望着窗外的大好春光，心情异常激动，兴奋地作了一首诗："癌症尚缠绵，老夫广西去南繁，一年当做三年用，提前跨进2000年。"

李冬辉以一种特有的历史责任感，决心摘掉谷子低产的帽子。春节期间雇不到帮工，他就自己动手干起来从整地播种到扬花灌浆，他没日没夜地泡在地里。李冬辉就是这样追逐着时间，加速着良种繁育。

在一次演讲会上，他响亮地提出："振兴中华，首先要振兴自己。"表达了他从自身做起，向人民奉献一切的决心。

在生命的最后9年中，李冬辉从海南、广西到黑龙江，从山东、河北到新疆，在13个省区的谷子生产地马不停蹄地奔跑着。9年间他有7个春节是在南繁基地或路途上度过的。9年间，他完成了23年的常规育种量，培育出"冀谷Ⅱ"、"金谷米"等5个新品种，还选育了一系列夏谷不育系等优良品种资源。

1983年7月，李冬辉受到河北省政府通令嘉奖，后来又被评为省优秀共产党员、劳动模范；1985年荣获全国五一劳动奖章和全国优秀科技工作者称号。面对众多荣誉，李冬辉仍像往常一样拖着病弱的身体南繁北育，以超常的毅力同时间赛跑。1990年11月30日是国家"七五"谷子育种攻关课题验收会举行的前一天，然而，就在这天傍晚，这个课题的主持人，69岁的著名谷子专家李冬辉却因操劳过度，心脏病猝发，永远长眠了。

◎故事感悟

李冬辉不向病魔屈服，用顽强的毅力与生命的每一分钟赛跑，为振兴中华，死而后已，在我们心中立下了一座永垂千古的丰碑。

◎史海撷英

新中国成立后我国农业的发展

1949年10月中华人民共和国成立，中国进入了一个新的发展阶段，中国农村经济得到了迅速的恢复和发展，1952年农业生产已恢复到历史最高水平。从1952年到1965年，中国完成了农业合作化和人民公社化，建立了与计划经济体制相适应的统派购制度。在农业内部，农作物业、林业、畜牧业、渔业和副业都有一定的发展。这一时期，中国的农业教育、科学研究与技术推广体系已普遍建立，并且形成了相当的规模。1982年全国实行承包制的生产队已占生产队总数的92.3%，农村经济新的格局已全面建立。改革开放以来，我国农业教育与科技事业也蓬勃发展，农业科研与推广工作硕果累累，如籼型杂交稻的发明和大面积推广、地膜覆盖栽培技术的应用、鲁棉一号的广泛种植等等，极大地促进了我国农业生产力的提高。在知识经济迅猛发展的今天，科学技术作为第一生产力在中国农业现代化建设中必将发挥越来越大的作用。

◎文苑拾萃

五谷粮食画

五谷粮食画是以各类植物种子和五谷杂粮为本体，通过粘、贴、拼、雕等手段，利用其他附料粘贴而成的山水、人物、花鸟、卡通、抽象等形象的画面。五谷粮

食画运用构图、线条、明暗、色彩等造型手法，对五谷粮食进行特殊处理所形成的图画。每幅五谷粮食画都要经过特殊的工艺处理，采用永久保存技术，可将作品长期保存和收藏。五谷粮食画起于唐，盛于清，清代时曾是重庆府敬献皇帝之贡品。大焱五谷粮食画是唐大焱老师五代传承工艺，唐大焱是重庆五谷粮食画传承人。唐大焱老师继承和发扬了传统五谷粮食画，并对全国的五谷粮食画进行了系统分类，将五谷粮食划分为原色五谷粮食画、彩色五谷粮食画、合成色五谷粮食画和夜光五谷粮食画四大类。

坚·坚韧顽强

第二篇

吹尽狂沙始到金

孙膑刖脚著兵法

◎故天将降大任于斯人也，必先苦其心志，劳其筋
骨，饿其体肤，空乏其身，行拂乱其所为，所以动
心忍性，曾益其所不能。——孟子

孙膑（？—前316年），本名孙伯灵，孙武后代，中国战国时期军事家，汉族，山东
鄄城人（今山东省的阳谷县阿城镇，鄄城县北一带）。他与庞涓同学兵法，后庞涓为魏
惠王将军，骗孙膑到魏，用刖刑。后孙膑被齐国使者偷偷救回齐国后，被齐威王任为
军师。马陵之战，身居辎车，计杀庞涓，大败魏军。著作有《孙膑兵法》，久已失传。

　　孙膑幼时喜欢军事，曾同庞涓一起跟随鬼谷子王栩学习兵法。孙膑志向
远大，专心学习进步很快。而庞涓却浮夸自负，一心惦记回国后能飞黄腾达，
学业上自然赶不上孙膑。

　　后来，魏惠王为了称霸中原，到处招揽人才，扩大魏国的军事实力，庞
涓听到消息后，急急忙忙赶到魏国，做了魏国的将军。庞涓拜将之后使出浑
身解数，出兵打败了卫、宋和齐国的入侵，深得魏王的信任。但是，他心里
非常清楚，孙膑的学识远在他之上。如果孙膑将来回到齐国，将是他的劲敌。
为了消除这个心头之患，庞涓设法将孙膑骗到魏国做官。

　　孙膑为人忠厚，不知是计，到了魏国之后，尽职尽责地为魏国操练兵马。
庞涓看到后越发惶恐、嫉恨，于是他在魏王面前屡进谗言，诬蔑孙膑身在魏
国心在故园，是齐国的奸细。魏惠王信以为真，便下令叫人逮捕孙膑，并在
其脸上刺上字，还刳掉了他的两个膝盖骨，使孙膑成了终身残废。

　　孙膑蒙受了这不白之冤和酷刑后心中十分愤懑，尤其听说是老同学庞涓
用毒计陷害的以后更是怒火满胸。然而，庞涓得宠于魏国，他只能强抑心头

的仇恨，装成不知人事的疯人，使庞涓逐渐放松对他的监视。

后来，齐国有位使臣来到魏国国都大梁。孙膑冒险偷偷地去见他，请他设法营救。齐使听到孙膑的遭遇之后，非常钦佩和同情，在回国的时候，便把孙膑藏在马车里，秘密带回了齐国。

孙膑到了齐国以后，深受齐威王和大将田忌的尊重。在优厚的礼遇面前，孙膑更加自强不息。他竭忠尽智，将自己的才能奉献给了齐国。

公元前353年，魏国命庞涓率兵进攻赵国。孙膑采取"围魏救赵"的战术在桂陵埋伏重兵，大败魏军。12年后，他用"减灶设疑"的妙计，诱使庞涓和魏军走入齐军的埋伏圈，在马陵将魏军杀得片甲不留，逼得庞涓走投无路，拔剑自刎。同时，他又于戎马倥偬之中，根据学习的军事理论和自己的军事实践撰写军事著作，以顽强的毅力在竹简上写成了共八十九篇的《孙膑兵法》。这部兵法，继承和发展了孙武的军事思想，提出了许多重要的战略战术主张，对中国乃至世界的军事史产生了重大的影响。

◎故事感悟

孙膑受了庞涓的奸计，被用削刑，但他坚忍不拔、忍辱负重，最终打败庞涓。他对齐国竭忠尽智，并写成《孙膑兵法》，体现出一个真正坚强的人不畏强暴、胸怀大业的品格。

◎史海撷英

马陵之战

公元前342年，魏国的太子申和大将庞涓率领10万大军前去攻打韩国，韩国决定向齐国求救。齐国答应了韩国的请求，于是任命田忌为大将、田婴为副将、孙膑为军师，领兵5万前去攻魏救韩。庞涓知道自己不是孙膑的对手，赶紧下令从韩国撤回军队。而齐军早已悄悄地向魏国的都城大梁进发。为了麻痹敌人，孙膑向大将田忌献计说，魏国自认为强悍勇猛，天下无敌，一向不把我们齐军放在

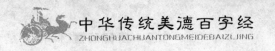

眼里，我们可以将计就计。兵书上常说，用百里速度急行军去追赶敌人，就会使部队前后无法接应。我军已深入魏国境内，可以用减灶之计来迷惑敌人，达到消灭敌人的目的。田忌认为孙膑说得有道理，于是采用了这一计策。

庞涓率领的大军从攻打韩国的路上赶回魏国，一直跟在齐军的身后，第一天见齐军的军队有10万人的炉灶；第二天炉灶减为5万人的；第三天只剩下3万人的炉灶了。庞涓得知此事后很高兴，他认为齐军胆小怕事，就丢下步兵，亲自率领一部分轻装精兵，直扑马陵。马陵地区道路狭窄，地形险要，孙膑早已在此设下埋伏，庞涓率领的军队进入埋伏圈后，一点防备都没有，最后被齐军打得落花流水，庞涓被迫拔剑自杀。

◎文苑拾萃

《孙膑兵法》

又名《齐孙子》，系与《孙子兵法》区别之故。《汉书·艺文志》称"《齐孙子》八十九篇，图四卷"，但自《隋书·经籍志》始，便不见于历代著录，约在东汉末年便已失传。1972年，临沂银雀山汉墓竹简出土，这部古兵法开始重见天日。但由于年代久远，竹简残缺不全，损坏严重。经竹简整理小组整理考证，文物出版社于1975年出版了简本《孙膑兵法》，共收竹简364枚，分上、下编，各15篇。1985年，文物出版社出版的《银雀山汉墓竹简（壹）》中，收入《孙膑兵法》凡16篇，系原上编诸篇加上下篇中的《五教法》而成，其篇目依次为：擒庞涓、见威王、威王问、陈忌问垒、篡卒、月战、八阵、地葆、势备、兵情、行篡、杀士、延气、官一、五教法、强兵。

梨园三怪的成名路

◎人不只是靠他生来就拥有一切，而是靠他从学习中
　所得到的一切来造就自己。——格言

信念是一切奇迹的萌发点，所有成功的人士最初都是从一个小小的信念
开始的。

梁实秋讲过一个生动的故事：唐朝有个百丈禅师，精勤不休，他制定了
《百丈清规》。他自己笃实奉行，"一日不作，一日不食，一面修行，一面劳作"。

他到了暮年仍然照常操作，弟子们于心不忍，偷偷地把他的农作工具藏
起来。禅师找不到工具，那一天没工作，但是那一天他也就真的没吃东西。
百丈禅师为何能精勤不休？是因为他的信念和抱负鞭策着他。

据说，清末时梨园中有三怪，他们都是因为抱着坚定的信念，经过勤学
苦练后成了才。

瞎子双阔，自小学戏，后来因疾失明，从此他更加勤奋学习，苦练基本
功，他在台下走路时需要别人搀扶，可是上台表演却寸步不乱，演技超群，
终于成为一名功深艺湛的武生。

另一位是跛子孟鸿寿，幼年身患软骨病，身长腿短，头大脚小，走起路
来不能保持身体平衡。于是，他暗下决心，勤学苦练，扬长避短，后来一举
成为丑角大师。

还有一位哑巴王益芬，先天不会说话，平日看父母演戏，一一默记在心，
虽无人教授，但他每天起早贪黑练功，常年不懈。艺成后，一鸣惊人，成为
戏园里有名的武花脸，被戏班奉为导师。

梨园三怪都身带残疾，他们为什么能够成才呢？主要是因为他们拥有坚

定不移的信念及吃苦耐劳的勤奋精神。因为他们知道，对于没有天赋的人来说，尤其是身有缺陷者，唯有勤奋苦练才可以弥补自身的不足。

◎故事感悟

　　信念是任何人都可以免费获得的，坚定意志，相信自己，牢记"有志者事竟成"，坚定信念就一定会产生奇迹。

◎史海撷英

中国京剧起源

　　京剧是在北京形成的戏曲剧种之一。京剧形成到底有多少年？有两种说法：150年或200年。在戏曲史界，尤其在群众中有些争议，但比较准确的应是150年。京剧是在徽戏和汉戏的基础上，吸收了昆曲、秦腔等一些戏曲剧种的优点和特长逐渐演变而形成的。徽戏进京是在公元1790年（清乾隆五十五年），最早进京的徽戏班是安徽享有盛名的"三庆班"。随后来京的又有"四喜"、"和春"、"春台"诸班，与三庆班合称"四大徽班"。

　　京剧在形成过程中，汉调实占重要位置。严格地说，汉调的声腔、板式、剧目、字韵等是后来形成京剧的主要"内涵"；徽班则是融会徽汉二调演员同台演出的"载体"。因此专家有谓：班曰徽班，调曰汉调。没有徽班，汉调演员无所依附，京剧很难形成。但是没有汉调演员，只有徽班，缺乏后来形成京剧的主要内涵，照样无法形成京剧。

　　京剧的正式形成大约是道光二十年（1840年）以后的事，这时京剧的各种唱腔版式已初步具备，京剧的语言特点已经形成，在角色的行当方面已出现了新的变化，已拥有一批具有京剧特点的剧目，京剧第一代演员也已经出现：余胜三、张二奎、程长庚被称为老生"三鼎甲"，此外还有老生演员兼京剧剧作家卢胜奎。程长庚是这一时期的代表人物，他在融合汉调、徽调并吸收昆曲加以改造和提高方面，比同时期的其他京剧演员做了更多的努力，对京剧表演艺术的形成贡献很大，对后世京剧的发展影响很大。

　　京剧音乐属于板腔体，主要唱腔有二黄、西皮两个系统，所以京剧也称"皮黄"。京剧常用唱腔还有南梆子、四平调、高拔子和吹腔。京剧的传统剧目约有一千多个，常演的约有三四百个以上，其中除来自徽戏、汉戏、昆曲与秦腔者外，也有相当数量是京剧艺人和民间作家陆续编写出来的。京剧较擅长于表现历史题材的政治和军事斗争，故事大多取自历史演义和小说话本，既有整本的大戏，也有大量的折子戏，此外还有一些连台本戏。

　　京剧角色的行当划分比较严格，早期分为生、旦、净、末、丑、武行、流行（龙套）七行，以后归为生、旦、净、丑四大行。

◎文苑拾萃

京剧《霸王别姬》

　　京剧《霸王别姬》是著名京剧大师梅兰芳的首出名剧。霸王别姬讲的是西楚霸王项羽战败后与其宠妃虞姬诀别的历史故事。霸王别姬的故事反映的是虞姬和项羽感天动地的爱情；楚霸王英雄末路，虞姬自刎殉情。这悲情一瞬已定格在中国文学的字里行间，定格在中国戏曲的舞台上，成为中国古典爱情中最经典、最荡气回肠的灿烂传奇。

徒步环球旅行

◎希望总是战胜困苦去实现的。——格言

潘德明（1908—1976年），又名文希，上海南汇人，生于浙江湖州，自行车环球旅行家，从小酷爱体育运动，曾就读于上海南洋高级商校，后在南京开西餐馆。1930年春，参加"中国青年亚细亚步行团"。6月赴杭州赶上步行团。经杭州、广州，由海口，不到半年进入越南的海防市，同行者或因难耐其苦，或因患病，相继打道回府。行到清化，仅剩他一人，潘德明决定独自走下去，而且索性走出亚洲。次年元旦他重上征程，把徒步改为骑自行车，进行环球旅行。历时7年，行程数万公里，途经亚、非、欧、美、澳五大洲40多个国家和地区。

潘德明是浙江湖州人，在上海长大。他自幼酷爱体育运动，也爱读世界地理和旅行方面的书籍。

20世纪30年代，潘德明亲眼看到帝国主义侵略者在十里洋场横行霸道，公园门口竖起了"华人与狗不得入内"的牌子，中国人被称为"东亚病夫"——任何一个有骨气的中国人都难以忍受这样的奇耻大辱！潘德明翻开了他喜爱的历史、地理书籍，那上面记载着多少有志气的中国人走向世界的事迹啊——汉代的张骞通西域，唐代的玄奘和尚去印度，明代的三宝太监郑和下西洋……潘德明从他们的事迹中受到启发：当年张骞、玄奘、郑和能深入异邦，今天我能不能来个环球旅行，雪"东亚病夫"之耻，为中华民族争光呢？

机会来了。1930年6月28日，22岁的潘德明参加了"中国青年亚细亚步行团"，告别了上海，准备先走到东南亚，然后再到印度、中东、欧洲、美洲……

　　完全依靠自己的双脚跋涉万里，历经瀚海、沼泽、荒丘、野岭，这是一次艰难困苦的旅行。步行团共有8个成员，途中陆续淘汰，到越南以后，连最后的两个同伴也退出了，只剩下潘德明孤身一人。

　　那时候，别的国家也有人作环球旅行，但他们大都是乘坐汽车，从一个大城市到另一个大城市。潘德明却不是这样，他徒步前进，逢山过山，遇水渡水，走的大多是偏僻地带。不论是荒无人迹的戈壁沙漠，还是陡峭险峻的冰川滑坡；不论是令人窒息的瘴气地带，还是野兽、强盗出没的危险地区，他都鼓起勇气，奋力通过。

　　潘德明徒步旅行最多时一天能走75公里。后来他买了一辆自行车，凡能骑车的道路就骑车前进，最多时一天能前进190公里，速度大大加快了。

　　他走出亚洲，进入中东，经法国、瑞典抵英国，渡海到达美国、加拿大、古巴，经新西兰、澳大利亚重返东南亚，最后回到祖国。他用了7年的时间，走过五大洲40多个国家和地区，跨过了印度洋、地中海、大西洋、太平洋，到过河内、金边、雅加达、德黑兰、开罗、巴黎、斯德哥尔摩、伦敦、纽约、华盛顿、渥太华、哈瓦那、悉尼等世界闻名的大城市，成为中国第一个环球旅行家。

　　在柬埔寨的扁担山丛林中，潘德明的铜盆帽被猴子抢去，背囊里的食物也被抢去不少……

　　在印度的密林里，潘德明躲在大树上，亲眼目睹了凶狠的野猪和豺群的恶斗厮杀，鲜血淋漓，令人心惊胆战……

　　在阿尔卑斯山上，潘德明迷了路，昏倒在山坡上，幸亏碰到一位老猎人，才将他救醒……

　　在伊朗，他在无边无际的一片大沙漠中走了三个星期，还是没能走出去。随身携带的饮用水喝光了，他又迷了路。白天，沙漠中酷热难熬，他无法行走，只好晓宿夜行。后来实在走不动了，就慢慢地爬行。一个星期以后，他爬到沙漠的边缘时，已经奄奄一息了。恰巧这时候有一支骆驼运输队路过这里，潘德明挣扎着挥动自己的衣服，才被骆驼队救起……

　　在很多地方，潘德明遭到过强盗的袭击，身上衣物尽被掠去，只留给他

身上穿的一条短裤……

潘德明究竟有多少次陷入困境？他数也数不清了。

最危险的一次是在印度，他要通过的是一座真正的原始森林。

这片热带森林特别大，浩瀚无边，莽莽苍苍。七八十米高的望天树，三五十米高的大乔木，二三十米高的灌木林，错落交织，遮天蔽日。藤木、矮草、沟谷、急流，一片连一片的丛林，多少年无人踏过的绿苔，构成了一个充满神秘色彩的世界。潘德明要穿过它。

虽然他离开祖国，已经走过了越南，穿过了新加坡，但这样杳无人迹的原始森林他还是头一次遇到。

当地的印度群众赶来阻挡他，说这座森林太大了，往前望不见头，左右看不到边，是走不过去的，劝他赶紧回去。

人群中走出一位慈眉善目的长者，合掌施礼之后，关切地告诉潘德明森林里有老虎。印度的虎有两种，一种食人，一种食木。食木的老虎胆子小，食人的老虎凶得很。出没于这座森林里的正是那种食人的老虎，而且已经吃过几个过林人了。现在硬要通过森林，真的是去送死。

老人的一席话，使潘德明吃了一惊，真是预料不到的困难！他想：生活再苦，我都可以忍受。万一真的遇到凶狠的老虎，我手无寸铁，又比不得景阳冈上的武松还有个哨棒，非得喂老虎不可，怎么办？倒转身走回头路是容易的，但徒步环球旅行的计划就难以实现了。

潘德明低头想了一会儿，抬起头来望着热诚好客的印度朋友，缓缓地问他们，过去是否有人通过这片森林，他们说有。

于是他点点头，脸上的表情渐渐庄重起来，他坚定了自己的决心，这次出国离家，别无他求，只想为我的祖国——中国，争一口气。要让世人看看，中国人靠着自己的双腿，是能够走遍天下的。老虎再凶，也要闯一闯。

众人顿时被这位青年的精神所感动。印度老人赶紧给他准备了一面铜锣，让他带上，嘱咐他老虎特别怕锣声。如果遇到老虎，赶紧敲锣。

潘德明收下铜锣，迈着坚定的步伐进入了原始森林。

第一个夜晚来临了，潘德明记住老人的话，不敢在地上过夜。他用皮带和绳子把自己绑在一棵大树的树杈上，许久许久不能入睡。他仰望着漆黑如墨的夜空，只觉得林涛的吼声撼人心魄。

拂晓时分，他醒来了，一低头，只见一只猛虎在树下正盯着他。他赶紧抓起身边的铜锣，猛敲起来，老虎猛地跳起，一甩尾巴，长啸一声，逃跑了。

在印度的这座原始森林中，他先后三次遇到老虎，都是靠鸣锣得救。也许是浩瀚的林莽喜欢勇敢的斗士，他终于走出了大森林。

历时7年，行程数万里，这在中外体育史上也是罕见的一大壮举。潘德明所到之处都引起了轰动，受到各国人民、社会名流的友好欢迎和热烈赞扬。人们看到这个身背旅行袋的中国小伙子禁不住赞道："中国人，好样的！"

在印度，圣雄甘地接见了潘德明，并赠送一面他亲手用粗麻布织成的印度国旗给潘德明。著名印度诗人泰戈尔邀请潘德明到家里做客，并同他合影留念。土耳其首相凯末尔将军、英国首相麦克唐纳和美国总统罗斯福等政府首脑，都接见了潘德明，罗斯福还送给他一枚金币。

旅居海外的华人和华侨对潘德明环球旅行给予了非常热情的支持和帮助。美国的一家华侨报纸赞扬潘德明"万里投荒，勇往迈进，不畏艰难，步行全球，前无古人！"不少爱国侨胞捐款捐物，为他提供食宿方便，支持他胜利完成了这次轰动世界的徒步环球旅行。

潘德明在一篇文章中说道：

"我这次旅行，是要以世界为我的大学校，以自然和人事为我的教科书，以耳闻目见、直接的接触为我的学习方法，以风霜雨雪、炎荒烈日、晨星夜月为我的奖励金。我要一往无前，表现我们中国的国民胜于世界，使人们知道我们中国是向前进的，在世界上为国家增添荣光。"

◎故事感悟

希望总是战胜困苦去实现的。如果没有磐石般的决心，潘德明恐怕早就中止了这次旅行。他能始终如一，胸怀大志，拥有百折不挠的毅力，所以他才能够徒步环球旅行，雪"东亚病夫"之耻。

◎史海撷英

潘德明与世界

潘德明历时7年周游世界，行程数万公里，途径亚、非、欧、美、澳五大洲40多个国家和地区，每到一地都有考察记录，征得1200个团体和个人十几种文字的签名和题辞，受到29个国家首脑和著名人士的接见。

潘德明旅途中曾拜会印度诗人泰戈尔、圣雄甘地及后来的印度总理尼赫鲁，波斯帝国最高统治者礼萨汗，"土耳其之父"凯末尔将军，保加利亚国王、法国总统、总理，英国首相麦克唐纳、澳大利亚总理，并两次受到美国总统罗斯福的接见。

潘德明回国时适逢抗日战争爆发，故其环游世界的壮举竟无人提起。

◎文苑拾萃

人一生要去的50个地方

创刊于1880年的美国《国家地理》杂志至今已走过了115年的历史，最近，《国家地理》耗时两年评选出了这个星球上他们最想前往的50个旅游目的地。

城市风情：百年老城

1. 纽约

2. 伊斯坦布尔

3. 巴塞罗那

4. 香港

5. 里约热内卢

6. 巴黎

7. 耶路撒冷

8. 伦敦

9. 威尼斯

10. 旧金山

野外探险：最后的伊甸园

11. 塞伦盖蒂平原

12. 加拿大落基山脉

13. 澳洲内陆

14. 巴布亚新几内亚的珊瑚礁

15. 亚马孙丛林

16. 科罗拉多大峡谷

17. 厄瓜多尔加拉帕哥斯群岛

18. 委内瑞拉的平顶山区

19. 撒哈拉大沙漠

20. 南极

人间天堂：美丽、平静、天堂般愉悦

21. 帕劳——太平洋岛屿

22. 明尼苏达州的边界水域

23. 传统的日式旅馆

24. 希腊小岛

25. 塞舌尔

26. 智利托雷德裴恩国家公园

27. 英属维京群岛

28. 意大利阿玛尔菲海岸

29. 印度喀拉拉邦

30. 夏威夷群岛

阳光地带：现代文明与自然的完美结合

31. 英国湖区

32. 新西兰北岛

33. 卢瓦尔河谷

34. 大苏尔

35. 加拿大滨海诸省

36. 佛蒙特

37. 挪威海岸

38. 从岘港到顺化

39. 阿尔卑斯山

40. 意大利托斯卡纳区

世界奇观：人类不朽的创造

41. 泰姬陵

42. 梅萨维德国家公园

43. 梵蒂冈

44. 雅典卫城

45. 佩特拉

46. 马丘比丘
47. 长城
48. 吴哥
49. 金字塔
50. 网络空间

　　这些地方，确是人一生梦想游历的地方，它们各有自己的特色和吸引人之处。不过在这 50 处旅游地之中，中国只有香港和长城被选中。这不能不说是对中国历史、文化和地理风光缺乏深入了解，或评选者还是戴了有色眼镜之故。

骨折不放弃事业

◎古之成大事者，不唯有超世之才，亦必有坚忍不拔
　之志。——苏轼

> 盖叫天（1888—1971年），男，京剧武生。原名张英杰，号燕南。河北高阳人。他以演短打武生为主，注重造型，讲究表现人物内在的精神气质。由于他在武松戏方面的突出创造，因此被世人誉为"活武松"，又称"江南武松"。除了《武松》外，他的代表剧目还有《打虎》、《狮子楼》、《十字坡》、《快活林》、《鸳鸯楼》、《三岔口》、《白水滩》、《一箭仇》、《洗浮山》、《闹天宫》等。

盖叫天是中国著名京剧表演艺术家。

1934年，盖叫天在扮演武松的一出戏中，他飞身上台，然后纵身向舞台中央翻下，就在落地的那一刻，他的右腿骨折断了。可是为了不影响武松的英武气概与形象，盖叫天咬紧牙关，硬是忍着疼痛，英气勃勃地挺立在舞台上，直到大幕落下后，才倒在前来帮助的人的身上。送到医院后，他已经痛得连话都说不出来了。

医生将盖叫天骨折的右腿接上，并对他说："好好养伤，三个月后就能恢复正常。"

为了尽早重返舞台，盖叫天一边休养，一边想方设法锻炼受伤的腿。可休养期快满的时候，一次例行的拍片检查又带来了坏消息。医生看着手里的X光片，忧心忡忡地说："已经愈合的骨头接歪了，继续生长的话后果将不堪设想，除非重新接上断骨，但再次折断的骨头可能永远也不能愈合，所以风险很大。"

盖叫天凝视着医生的眼睛，坚定地说："如果腿瘸了，那就意味着我永远也不能登台。只要有一线希望，我都要试试！"说完，他一把拿起床边的板凳，在众人的惊呼声中，自己将右腿骨折处砸断，然后请医生重新接骨进行治疗。

等待伤愈的日子对盖叫天来说无疑是非常难熬的，但是他把这一切烦闷与痛苦都埋在了心底。

从此，盖叫天开始在病房里进行有计划的锻炼。腿功不能练，就练唱功，右腿不能动，就锻炼左腿和手臂。不能在舞台上表演，就学习画中国画，用画笔将一个个生动的艺术形象描绘在纸上，悉心研究揣摩。这一段时间盖叫天不但没有荒废了工夫，反而让他对表演有了更多、更深的体会。

两年后，盖叫天的腿伤奇迹般地痊愈了，他又回到了自己无限热爱的表演舞台，人们重新看到了英姿勃勃的"武松"形象，从此盖叫天的美名也传遍了大江南北。

◎故事感悟

盖叫天一生演戏颇多，最为著名的当为《武松》。他唱腔高昂，动作干净利落，给人们留下了深刻的印象。俗话说：台上一分钟，台下十年功，这个视艺术为生命的老艺术家，用他的实际行动诠释了他热爱艺术的人生。

◎史海撷英

盖叫天定居杭州

盖叫天13岁时第一次到杭州演戏。当时杭州市面非常繁华，茶园很多，京剧演员多要到茶园表演剧目。

那时演艺界有个习惯，就是跟着已经成名演员的艺名来取自己的艺名，有的在前面加一个"小"字，有的加一个"盖"字。

当时演老生的演员名气最大的是谭鑫培，艺名叫"小叫天"。有人建议盖叫天叫"小小叫天"，年少好强的盖叫天偏取了个艺名"盖叫天"。没几天这个名字就在杭州叫响了，并从此走红江浙一带。这就为盖叫天以后定居杭州埋下了伏笔。

1925年，盖叫天在杭州买了一块地，但买地后就没钱盖房了。所以直到五年后，等一切材料凑齐，才开工建房。

盖叫天本是河北人，他在杭州的住宅竣工后，起了个名叫"燕南寄居"，有不忘故土的寓意。

◎文苑拾萃

王少堂对擂盖叫天

王少堂是扬州评话大师，以说武松的段子蜚声海内。

盖叫天是京剧表演艺术家，以演武松的戏名扬天下。

新中国成立后，南北曲艺名家会聚上海进行艺术交流。王少堂每天只说一场《武松打店》，盖叫天每天也只演一场，演示一手飞刀绝活，刀无虚发。

一个说武松，一个演武松，几场下来，双方平分秋色，各自场子里都是人满为患。

戴氏小提琴的诞生

◎登山不以艰险而止，则必臻乎峻岭。——葛洪

戴洪祥（1928—），提琴制作大师。河北房山（今属北京）人。1951年进北京乐器厂学习制作提琴。1954年加入中国共产党。1959年入上海音乐学院高级提琴制作班学习，后任北京提琴厂技师。所作小提琴曾获1980年全国高级小提琴制作比赛总分第一名和音质单项第一名。1983年在联邦德国的第一届路易斯·斯波尔国际提琴制作比赛中，其作品与美国D·斯蒂文斯的作品并列音质第一名，获音质金牌。1984年被授予"提琴制作大师"称号。

　　戴洪祥是一个农民的儿子。解放初期，他来到北京一家乐器厂当木工，干的是拉大锯、破木料的活。那时候，不用说制琴，就连小提琴是个什么样子，他也是头一回才见着。没过多久厂里人发现，这个小伙子不但大锯拉得起劲儿，还挺爱琢磨，喜欢看老师傅制琴，一有空就跑到制琴室，慢慢地也能为老师傅备备料、打打下手了。他还常常利用下班之后和公休时间，自己悄悄学制琴。有一回，他居然用厂里的下脚料做了一把小提琴。尽管很粗糙，可戴洪祥那股钻劲儿却引起了厂长的注意。厂长把戴洪祥找来，对他说："不用你拉大锯了，去学着做提琴吧！"

　　制作小提琴可不是一件容易的事！不仅要有精湛的手艺，还得懂得乐理，会辨音色，掌握多方面的知识。为了了解外国的小提琴，还需要学习外国语。这一个又一个困难，对于没念过几年书的戴洪祥来说，真像一座座高山挡在他的面前。

　　戴洪祥没有打退堂鼓。他就像一名登山运动员，认准目标背上行囊，一步一步地开始登攀。他向老师傅们学手艺，从熟识木材开始，到选料、磨砂、油漆、调试，每一道工序都扎扎实实地学习。

　　他自学音响学、和声学，拉完了中级小提琴教程。他还学习外语，钻研各国提琴技术理论著作，并利用修琴的机会，千方百计向中国著名的音乐家们请教。经过长期的艰苦努力，他的琴技、乐感、耳音都有了很大的提高。他制作的小提琴也小有名气了。

　　戴洪祥远远没有满足，他所希望的是摘取世界提琴制作的桂冠。他早就听说过有关意大利四大古琴的传闻。那是四百多年前，意大利出了四位提琴制作大师：玛基尼、阿玛蒂、斯特拉第瓦利和瓜尔涅利。他们制作的小提琴具有神奇的魅力，征服了许许多多的听众。戴洪祥多么想亲眼看一看、亲耳听一听啊！

　　有一天，他终于从一本外国音乐杂志上看到了意大利最有名的四大古琴的照片。他挂在墙上，反复欣赏，简直像着了魔似的，越看越钦佩。

　　不久，一个苏联歌舞团来华演出。戴洪祥听人说，该团的一位著名小提琴家用的就是意大利斯氏小提琴。戴洪祥冒着严寒在剧场门口站了三个晚上，才买到了一张入场券。看演出的时候，他手拿望远镜，仔细地观察那把斯氏小提琴。

　　"多么美妙的音效啊！"戴洪祥陶醉在令人倾倒的琴声中。

　　"斯特拉第瓦利！"他自言自语道，"那才是真正的小提琴！"他感到自己的心跳在加快，周身的热血在沸腾。一个崇高的信念在戴洪祥的脑海里坚定地树立起来——制作一把与斯氏小提琴媲美的小提琴，为中国人争光。

　　然而，等待戴洪祥的并不是成功，而是巨大的挫折和不幸。

　　他曾经患过中耳炎，过去并不介意。有一天，他正在工作，忽然头一歪，昏倒在琴台上。同事们惊奇地看到：一注鲜红的浓血，从他左耳中流了出来。

　　他被送进了医院。经过检查，医生说他的中耳炎已到晚期，必须立即作左耳道切除手术，否则会有生命危险。

　　曾经德国有一位作曲家，叫贝多芬，写过许多著名的乐曲，不幸的是，

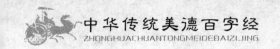

正在他大有作为的时候，他的耳朵却因病聋了。

耳朵，对于作曲家和提琴制作师来说该是多么重要！但戴洪祥偏偏要遭受与贝多芬同样的打击。命运对他们来说太不公平了！

悲痛的泪水顺着戴洪祥滚烫的两颊落到正在制作的琴上……但是，他一想起自己为国争光的理想，想起贝多芬"我要扼住命运的咽喉"的名言，耳边就仿佛响起催人振作、激人奋起的琴音。他用自己的心灵在倾听，他要像贝多芬那样，扼住命运的咽喉，坚韧顽强，继续前进！

"为了生我养我的祖国，不管还会遇到多大的困难，我一定要做出理想的小提琴！"——这就是戴洪祥的誓言。

左耳听力没有了，他就用右耳来捕捉和分析琴音。每天凌晨三时，他会准时醒来，耳边响起琴声，他反复琢磨一小时左右才能重新入睡。五时半，他准时来到车间，在黎明最寂静的时候测试琴音。多少个春夏秋冬，他就是这样度过的。

一把又一把小提琴制作出来了，戴洪祥的制琴技术经过千锤百炼，几乎达到了炉火纯青的境地。成功的大门向奋斗者打开了。

20世纪80年代的第一个春天，戴洪祥参加了全国高级小提琴比赛，他制作的小提琴名列第一名，荣获国家金质奖。

20世纪规模最大的国际小提琴制作比赛——首届卡塞尔国际小提琴制作比赛是1983年10月在联邦德国的卡塞尔城举行的。

小提琴是一种西洋乐器，诞生于文艺复兴时期的欧洲，有"音乐之王"的美称。300多年来，欧洲的小提琴制作业在世界上一直处于领先地位。

为了提高小提琴的制作水平，国际上经常举行小提琴制作比赛。以往比赛的桂冠绝大多数都被欧洲各国的著名小提琴制作家摘走了，有人预言，本届卡塞尔国际小提琴制作比赛的金奖获得者也一定是欧洲人。欧洲的许多提琴制作师大多出自世代相传的提琴制作家族，而戴洪祥却从小与提琴无缘。

这次比赛，集中了世界上30多个国家的提琴制作家，他们带来了自己精心制作的400把小提琴。比赛评委会的成员都是国际音乐界的权威人士。

10月24日，7天紧张的比赛全部结束，评比结果揭晓，一条轰动国际音乐界的新闻立即传开了——本届国际小提琴制作比赛音质金奖的获得者，既不是来自罗马、维也纳，也不是来自华盛顿、波恩。这把音色柔美圆润、穿透力很强的获奖提琴，来自古老而又年轻的中国，它的制作者是一位中国技师，名叫戴洪祥。

喜讯通过电波，传向世界的四面八方。一位外国记者写道："戴洪祥具有不可思议的力量，他移动了一座山峰。他把小提琴的桂冠从意大利移到了中国。"

后来戴洪祥的小提琴一次又一次在国际上得到高度评价，被国际音乐界人士盛赞为"戴氏小提琴。"

◎故事感悟

搞音乐的人的耳朵聋了，多么残忍的事情，命运如此不公，德国的贝多芬经历了，中国的戴洪祥也经历了。他们都没有放弃，而是坚韧不拔，扼住了命运的咽喉，最后都成功了。人的一生正因为有了起伏才有了意义，但是无论发生什么，都要坚持、坚定。困难面前没有退缩，因此胜利是属于他们的。

◎史海撷英

我国的小提琴制作

我国的提琴制造界所制作的产品经常在国际制作比赛中获奖，广东乐器厂的陈锦农、北京提琴厂的戴洪祥是率先在国际提琴制作比赛中获得音质金奖的大师。广东的徐弗、梁国辉、陈益、何恩等老一辈制琴大师制作的琴与弓，也经常在国内外提琴制作比赛中获得较好的名次，后起之秀朱明江制作的小提琴在美国的比赛中一举获得音质和工艺两项金奖，这是极其难得的。目前我国的小提琴制作工厂多达50多家，产量可观，北京提琴厂、上海提琴厂，广东乐器厂是生产专业小提琴的名厂。近年来广州的中外合资格里蒙那提琴有限公司更是异军突起，该公司大批量生产的各种规格的提琴畅销欧美十多个国家，产品跨入世界先进行列，该厂曹树坤、沈炽明制作的琴和关尚持制作的弓已成为演奏家们所钟爱的珍品。

◎文苑拾萃

D大调小提琴协奏曲

　　D大调小提琴协奏曲作于1806年，是贝多芬唯一的小提琴协奏曲作品，自古以来被誉为小提琴协奏曲之王。这首乐曲旋津柔美、格调高雅、规模宏大，颇具王者风范。当年贝多芬作曲时，正值他与他的学生、匈牙利的伯爵小姐勃伦斯威克产生了深深的爱情，并在她家的庄园中度过了快乐的夏天。他一生中这最明朗的日子的快乐便渗透在贝多芬这部唯一的小提琴协奏曲中。全曲共分三个乐章。

"零"的突破

◎夫"不入虎穴，焉得虎子？"不下十成工夫，焉能
成一事。——谭嗣同

　　许海峰（1957—　　），我国著名的射击运动员。在第二十三届奥运会上，获男子手枪60发慢射冠军，成为本届奥运会首枚金牌得主，同时也是中国奥运会历史上的首位冠军得主，打破了中国奥运史上金牌"零"的纪录。从教后，他带选手获得了两枚奥运会金牌。许海峰是名副其实的金牌运动员和金牌教练。

　　1984年7月，在美国洛杉矶举行的第二十三届奥林匹克运动会上，中国射击选手许海峰以566环的成绩夺得了手枪慢射比赛的冠军。这是中国人在奥运会上夺得的第一枚金牌，也是这届奥运会上的第一枚金牌。

　　从此，中国人在奥运会金牌上零的历史一去不复返了，零的纪录被突破了！

　　射击运动员许海峰小的时候就特别喜欢玩枪。他的爸爸是一位解放军军官，他送给小海峰的第一件礼物就是一支玩具手枪。后来，海峰渐渐长大了，对玩具手枪已经不满足了，他特别希望自己能有一支锃亮锃亮的真枪。

　　那时，民兵经常在他家附近操练，许海峰总爱在一旁观看。等到他们休息的时候，他就指着叔叔手里的枪问长问短，请叔叔给他讲哪是缺口、哪是准星，怎么瞄靶才能打得准。

　　有一天，许海峰发现他们的枪架上有一支枪，坏了不能用，就央求人家让他用这支枪练习瞄准。民兵叔叔见他这么喜欢射击，就答应了他的要求。许海峰用这支已经不能用的枪学习瞄准，练得特别起劲儿。

　　高中毕业以后，许海峰下乡去了。尽管农村的活儿很累，他还是忘不了

射击，忘不了枪。有一天，他带着自己仅有的40元钱，到城里下狠心买了一支气步枪。当准备返村的时候，他的钱都花光了，只好扛着枪徒步走了几十里。但他心里有说不出的高兴，因为从此他有了一支自己的枪啦！

从那以后，一有空闲，他就举着这支枪瞄天上的飞鸟，瞄山中的野兔，瞄夜晚的星星，瞄黎明的月牙……在这支枪上，系着他的理想和追求。

后来，许海峰果真当上了射击运动员。

当上了射击运动员就不能像平时玩枪那样，想玩就玩，想停就停。许海峰记住教练的叮嘱：为了打出好成绩，必须苦练技术。

冬天到了，北风呼啸，寒气袭人，许海峰和教练一起骑自行车到射击场去训练。日复一日，从不间断。一个冬天下来，许海峰的手冻肿了，裂出口子，流着血。他抹去血迹，继续举起了枪……

整天闷在靶棚里，那种单调的滋味也是很难熬的。许海峰在这样的环境里经受磨炼，成绩不断提高。

1983年9月，他在第五届全运会上脱颖而出，夺得男子手枪慢射的第二名。

这一年的10月，有关部门决定选派他参加1984年7月在美国洛杉矶举行的第二十三届奥林匹克运动会。为了迎接这次世界最高水平的大赛，许海峰练得更刻苦了，多少个星期天他都是在靶棚里度过的。

男子自选手枪比赛开始了。

许海峰紧握手枪站在40号靶位上。他稳稳地把枪举过头顶，又慢慢直臂下落，猛然间扣动扳机——"砰！砰！"子弹飞也似的射向50米外的靶心。"10环！""10环！"一个个红色的"10"字在记分表上延伸……

瑞典的斯卡纳克尔、澳大利亚的阿丹斯等世界名将都参加了这次比赛。他们经验丰富，在国际比赛中多次夺魁。在许海峰的挑战面前，他们不肯示弱，脸上的神情好像在说：决不让中国小将走在前面！

52年前，也是在洛杉矶，也是在奥运会上，旧中国只派了一名运动员参加比赛，在预赛中就被淘汰了。中国人在奥运会上没有获过一枚金牌，"零"的纪录已经延续了52年。

胸前绣着"中国"两个大字的许海峰，神色庄严地站在靶位上。靶心上最小的圆圈就像52年来那个令人屈辱的"零"字，"击碎它！击碎它！"这钢铁般的决心激励着许海峰。他沉着得像一座山，准确地射出一粒粒子弹。

打完前五组，赛前夺魁呼声最高的斯卡纳克尔发现，他仍旧比许海峰落后两环。这位沙场老将憋足了劲儿，要在最后一组里超过许海峰。

最后的决战来临了。许海峰前三枪打了10环、9环、9环，第四枪和第五枪，却只打了两个8环。斯卡纳克尔趁机赶了上来。形势突变，在靶位后面观战的外国记者交头接耳，有些人开始向斯卡纳克尔的靶位那边涌去，仿佛这位瑞典老将已经胜券在握。

在这千钧一发的时刻，许海峰反而显得非常镇定。他静静地坐了一会儿，又走上靶位。只见他轻松地左手插兜，右手握枪，一双大眼睛闪出必胜的光芒。"砰！""砰！""砰！"三发子弹从他的枪口呼啸而出，"10环！""10环！""9环！"胜利了！许海峰终于以566环的成绩超过斯卡纳克尔1环，夺得了手枪慢射比赛的冠军。

在庄严雄壮的中华人民共和国国歌声中，五星红旗在洛杉矶上空徐徐升起。国际奥委会主席亲自为许海峰颁发奖牌，他热烈祝贺许海峰的胜利，激动地说："这是中国体育史上伟大的一天。"

一位70多岁的老华侨自豪地逢人便说："我们中国也有金牌了，我们再也不是'东亚病夫了'！"

◎故事感悟

许海峰，我国这位优秀的射击运动员在第二十三届奥林匹克运动会上以566环的优秀成绩获得了手枪60发慢射项目的金奖，实现了本项目零的突破，为中国人民争了气。当五星红旗在比赛场地升起的时刻，我们中国人能不欢呼雀跃吗？让我们说一声："谢谢许海峰！"

◎史海撷英

第二十三届奥林匹克运动会

1984年7月28日—1984年8月12日，第二十三届奥林匹克运动会在美国洛

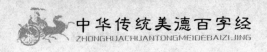

杉矶举行。当时国际奥委会成员有159个，参赛的共140个国家和地区，远远超过了以往各届的规模。本届参赛运动员共6797人，其中女子1567人，男子5230人，也是历届人数最多的一次。52年前，旧中国首次参加的第十届奥运会，地点也是在洛杉矶。当时运动员仅刘长春孑然一身，而本届中国奥委会派出了一个大型体育代表团参加盛会。这次运动员达225人，参加了除足球、曲棍球、拳击、马术、现代五项以外的其余16个大项的比赛。中国台北奥委会也派出67名运动员参加了田径、游泳、举重等项目的比赛，这是海峡两岸中华儿女首次在夏季奥运会上相逢。奥运会中的女子项目有了历史性的突破。新增设的女子项目有长期以来被认为是女子不适宜参加的马拉松跑，有自1896年以来一直只有男子项目的射击和自行车，还有首次列入女子项目的花样游泳和艺术体操。许海峰在男子手枪慢射比赛中所获的金牌不仅是本届奥运会决出的第一块金牌，更实现了炎黄子孙在奥运会上金牌"零的突破"，一雪百余年来"东亚病夫"的耻辱。中国运动员取得了金牌总数第四名的好成绩。

"天下第一剑"

◎有志者，事竟成，破釜沉舟，百二秦关终属楚；苦心人，
天不负，卧薪尝胆，三千越甲可吞吴。——蒲松龄

　　栾菊杰（1958—　　　），1958年出生于江苏南京，1973年考入南京业余体校，1975年加入江苏队。1978年在世界青年击剑锦标赛上获亚军，是1901年以来首位进入该项赛事的亚洲选手。1983年，在德国举行的第六届国际女子花剑比赛中，她力挫各路高手，独占鳌头，成为亚洲第一个在世界剑坛折桂的人。

　　栾菊杰是中国击剑运动员，为了练出击中对手的技术，栾菊杰吃了很多苦。为了锻炼爆发力，她每天奔跑在南京紫金山麓。教练规定跑5圈，她跑8圈、10圈。脚踝扭伤了，她咬着牙坚持跑，后来到医院接受治疗，好一点又接着跑。伤痛的折磨压不倒她。看到她清秀的脸颊上流淌着小溪似的汗水，队友们都说她练得像一条野牛似的。

　　栾菊杰的技术就是在这如雨的汗水中提高的。

　　击剑运动起源于欧洲。从1901年成立国际击剑联合会以来，77年当中历届世界比赛的前几名都被欧洲选手夺走了，从来没有一个亚洲运动员取得过决赛权。在第二十九届世界青年击剑锦标赛花剑比赛上，栾菊杰遇上了苏联运动员扎加列娃。中国的击剑新秀栾菊杰第一个勇敢地向欧洲运动员提出了挑战。

　　栾菊杰首战获胜。

　　比赛继续进行。先失一分的扎加列娃急于挽回，频频向栾菊杰发起反攻。就在双方几乎要迎头相撞的时候，扎加列娃大喊一声，猛地刺过一剑。这一剑，刺在栾菊杰左臂上方的无效部位，是不能得分的。但这一剑刺得太猛，

剑头一下子折断了，落在击剑台上。这时候，栾菊杰感到自己的左臂像被电击了似的，随之一阵麻木，胳膊像铅一样的沉重……

栾菊杰是左手握剑的，这只手现在几乎握不住剑柄了。她知道自己伤得不轻。

怎么办？由于击剑比赛速度极快，坐在台下的教练、队友和观众都没有看清一刹那发生的事情。现在要求停止比赛，对受伤的手臂进行检查和治疗是完全可以的，然而，栾菊杰没有这样做。

养兵千日，用兵一时。栾菊杰的心里默默重复着这句话，千万不能让人知道我受伤了。只要能把五星红旗升上去，让我去死我也干。

栾菊杰握紧剑柄，又冲上前去。双方你来我往，银剑相击，放出道道光芒。四比五！苏联选手扎加列娃终于败在了栾菊杰手下，欢腾的掌声像潮水一样在场内翻卷。栾菊杰刚坐下来，一个队友发现她的击剑服上的穿孔，看到衣服都戳穿了，赶紧问她有没有受伤，栾菊杰却说没事，只划破了一点点皮。

队友刚要去请医生，栾菊杰阻止了她。栾菊杰挺身举剑又登上了台。她接连战胜了几个对手，荣获了第二十九届世界青年击剑锦标赛亚军。

这时，已是栾菊杰受伤后的两个多小时，同伴们看到她那雪白的击剑服已沾上斑斑血迹，才发现她伤势严重，赶忙把她送进医院。

医生轻轻解开缠绕在栾菊杰左臂上的绷带，嘴里发出"啧啧"的惊叹声。只见栾菊杰左臂上有两处伤口，都是被折断的钢剑刺穿的，粉红的肌肉向上翻卷着，鲜红的血在向下流淌……

栾菊杰负伤的消息传开了，来自世界各国的许多运动员用各种语言发出同声惊叹。

栾菊杰是第一个打破了欧洲选手垄断国际剑坛的中国运动员。

1984年2月，栾菊杰在联邦德国举行的第二十三届世界杯国际女子花剑比赛中夺得冠军。

1985年8月，在美国洛杉矶举行的第二十三届奥运会女子花剑比赛中栾菊杰又力克群英，摘取了桂冠。

各国的朋友盛赞世界冠军栾菊杰为"天下第一剑"。

◎故事感悟

栾菊杰付出了比别人更多的艰辛，刻苦练习，比赛时，她不顾胳膊被钢剑刺伤，坚持比赛，终于让国际剑坛升起了第一面五星红旗。栾菊杰用实际行动告诉我们，人就应该活出这种精神！

◎史海撷英

击剑运动

现代击剑运动是奥运会的传统项目。1896年在雅典举行的第一届现代奥运会上就设有男子花剑、佩剑的比赛。1900年在巴黎举行的第二届奥运会上增加了男子重剑比赛。1924年在巴黎举行的第八届奥运会上又增设了女子花剑比赛。1992年在巴塞罗那举行的第二十五届奥运会上，女子重剑被列为正式比赛项目。女子佩剑于2004年雅典奥运会上被正式列为奥运会项目。

中国击剑运动启蒙于20世纪50年代，1955年苏联专家赫鲁晓娃在北京体育学院（现北京体育大学）开设击剑专修课，开始把击剑运动引入中国。1978年3月，我国击剑选手栾菊杰在西班牙马德里第二十九届世界青年锦标赛上，在持剑手臂严重受伤的情况下，奋力拼搏，战胜强手，夺得亚军。这是中国击剑的历史性突破，在世界击剑界引起了轰动。

◎文苑拾萃

咏剑

（明）徐渭

欧冶良工，风胡巧手，铸成射斗光芒。

挂向床头，蛟鳞一片生凉。

枕边凛雪，匣内飞霜，英雄此际肝肠。

问猿公，家山何处，在越溪傍。

见说，胡尘前几岁，秋高月黑，时犯边疆。

近日称藩，一时解甲披鞲。

即令寸铁堪销也，又何劳，三尺提将。

古人云，安处须防，但记取，戎兵暇日，不用何妨。

当年只有一元港币

◎你永远不会从成功中学到任何东西，你只有从克服
障碍中学习。——格言

> 黄玉华（1963—），又名黄炎，黄马克。福建莆田人。1980年去香港，靠打工维
> 持生计。读过中山书院英专、电子工程夜校和香港中文大学夜校部工商管理专业。
> 1985年办起电子表装配厂，继而创办中华商务发展公司。1987年在福州设立代表处，
> 1988年正式成立精通电子（福建）有限公司。

　　黄玉华出生在福建莆田一个极普通的农村干部家庭。

　　1980年，他随父亲去了香港，那年他只有17岁，离开大陆前，他的中学老师给他重新取了个名字——黄炎。他知道老师的用意，他会永远铭记自己是个炎黄子孙。

　　为了能活下去，他和父亲都外出打工，有时甚至一天要打两班工。香港就是这么个地方，要想活下去，必须拼命工作，这里绝不会有天上掉馅饼的事。

　　他每天拼命地工作。每月他都把自己的收入如数交给父亲，父亲再从中抽出20块港币给他做零花钱。

　　可黄玉华很想在文化上有更大的提高。也许是在大陆打下的基础，到了香港，在每天汗流浃背地打工的同时，他仍然希望能够读书，仍然梦想着成为一个学者。他曾几次向父亲谈起了这个想法，父亲不予理睬。一天，他又一次和父亲提起了读书的事，父亲生气了，他也有些恼火，本是充满亲情的交谈变成了难以圆场的争吵。父亲终于冒出一句话："阿华，你要是靠读书能

赚来钱，我给你跪下！"黄玉华一狠心，转身走出了家门。连他自己也没想到，这一走竟五年没进家门。

黄玉华走在香港街头，鳞次栉比的大厦中一片喧嚣。商店、酒楼的招牌令人目眩。他把手伸进衣兜，里面只有两样东西——一张身份证、1元港币。他立刻意识到了现实的严峻。发薪的日子未到，在这些日子里，他必须解决自己吃饭睡觉的问题。

他坐在那里发呆时，一位大姐走了过来，她也是黄玉华的工友，广东人。她问黄玉华怎么了，黄玉华对她讲了事情的经过。她没说什么，递给他两个面包。以后，她每天下午给黄玉华送面包来，半年内没间断过一次。除了给他面包外，她还教他广东话，这对黄玉华太重要了。要知道，在香港若不懂广东话是很难发展的。

一个毫无根基的人在这个花花世界中闯天下，其难度是可想而知的。他打工挣钱，不仅要解决吃住问题，还要实现学习的愿望。

他曾一天打几班工，也曾睡过聚满蚊虫的下水道管。他先是花了两年时间修完了中山书院英专和电子工程夜校，又用两年时间读完了香港中文大学夜校部工商管理专业。在读书的同时，他先后在数十家工厂打工，干过20多个岗位。不知不觉中，他对香港的企业管理摸出了门道。

1985年，他用省吃俭用积攒起来的8万港币租了一间十来平方米的小屋，办了个电子表装配厂。这是黄玉华的第一个企业，也是他真正事业的起点。他每天6点半起床，深夜才睡，他拼命干着，企业一点点地在发展。在组装电子表的同时，他开始涉足国际贸易。继而，他创办了自己的公司——中华商务发展公司。他有了宽敞的办公室，有了舒适的总裁座椅，有了一批听他指挥的雇员，这一切都意味着黄玉华有钱了——一笔数目可观的钱。这笔钱完全归他支配，他可以在香港、在国内外灯红酒绿地风光一番，也可以学一学南洋的老辈人那样，发了财便回到故乡盖洋房，光宗耀祖。

然而，他没有那么做，他要报答祖国的养育之恩。

1987年，黄玉华在福州设立了一个代表处，1988年他开始筹建精通电子（福建）有限公司，1989年，公司正式成立。

1990年5月，银行突然打电话来通知他，说有人到银行查询公司的资金状况，他感觉到私下里有人对他这个总经理不放心，暗中在摸他的底细。那好，你摸我的资金状况，我也摸摸你的心。

5月8日，他召开公司大会，对全体员工说公司近期资金周转出了一些问题，下个月发不出薪水，希望大家能在最困难的时候同舟共济，一起渡过难关。当然员工并不知道他这是在考验大家，结果第二天一大批人就不来上班了。过了两天，他又宣布，如果旷工7天，按公司的章程就要除名，希望大家来上班，他们仍不来。结果，在6月份，他不仅给所有没来上班的人都发了当月的薪水，同时还加了一个月的工钱，当然在钱袋中还有一份辞退通知书。

黄玉华知道精通公司对大陆是有吸引力的，因为他这里工资高。但如果每个人都只是盯着公司的钱袋而不想承担义务和风险的话，公司是无法发展的。一个企业是这样，一个国家也是这样，当企业或国家欣欣向荣的时候，大家要心情愉快地工作；当遇到困难时，更应该咬紧牙关，加倍努力地克服危难。如今，精通正以每年递增百分之三十五的速度增加着收益，这正是全体员工齐心合力的结果。

公司里的人说，跟黄玉华工作谁也别想发胖。的确，他干起工作来是不要命的，他的工作作风对公司员工产生了重要影响。黄玉华认为，中国人的养生之道是延年益寿，是增加自然寿命，而他的长寿原则是充分利用生命多做工作，要用有效率的工作使有限的生命更加有意义。

黄玉华的路可谓跌宕起伏。在1991年工作笔记的扉页上，他是这样写的：

你永远不会从成功中学到任何东西，

你只有从克服障碍中学习！

◎故事感悟

经历20多个岗位的磨难，丰富了自己的阅历。在跌宕起伏的奋斗路上，只有从克服障碍中学习，才能获得成功。

◎史海撷英

每周5天工作日

国务院关于修改《国务院关于职工工作时间的规定》的决议：

（1995年2月17日国务院第八次全体会议通过1995年3月25日中华人民共和国国务院令第一七四号发布）

国务院决定对《国务院关于职工工作时间的规定》作如下修改：

一、第三条修改为："职工每日工作8小时，每周工作40小时。"

二、第五条修改为："因工作性质或者生产特点的限制，不能实行每日工作8小时、每周工作40小时标准工时制度的，按照国家有关规定，可以实行其他工作和休息办法。"

三、第七条修改为："国家机关、事业单位实行统一的工作时间，星期六和星期日为周休息日。

企业和不能实行前款规定的统一工作时间的事业单位，可以根据实际情况灵活安排周休息日。"

四、第九条修改为："本规定自1995年5月1日起施行。1995年5月1日施行有困难的企业、事业单位，可以适当延期；但是，事业单位最迟应当自1996年1月1日起施行，企业最迟应当自1997年5月1日起施行。"

《国务院关于职工工作时间的规定》根据本决定作相应的修正，重新发布。本决定施行前，国务院1994年2月3日发布、自1994年3月1日起施行的《国务院关于职工工作时间的规定》继续有效。

◎文苑拾萃

同舟共济

语出《孙子·九地篇》："故善用兵者，譬如'率然'；'率然'者，常山之蛇也。击其首则尾至，击其尾则首至，击其中则首尾俱至。……夫吴人与越人相恶也，当其同舟而济，遇风，其相救也，如左右手。……故善用兵者，携手若使一人，不得已也。"文中大意是："所以，善于用兵的人，能使部队像'率然'，所谓'率然'，是常山（今浙江常山县）的一种蛇。打它的头，尾就来救援，打它的尾，头就来救援，打它的腰，头尾一齐来救援。……吴国人和越国人是相互仇恨的，可是当他们同乘一条船过河而遇到大风的时候，他们相互救援，就像一个人的左右手一样。……所以善于用兵的人，能使全军手携手地成为一体，就像指挥一个人，这是因为情势迫使军队不得不这样做。"

释义

济：渡水，过河。大家同坐一条船过河。比喻在遭到共同的敌人攻击时，彼此应当相互救助。后多比喻在危难的环境中，大家同心协力，战胜困难。也写作"风雨同舟"。

李嘉诚坚韧创业

◎不畏外撼，不以物移，而后可以任天下之大
事。——吕坤

李嘉诚（1928—），籍贯广东潮州，现任长江实业集团有限公司董事局主席兼总经理。先后获得中国北京市、汕头市、广州市、深圳市、南海市、佛山市、珠海市、潮州市及加拿大温伯尼市荣誉市民称号。据2008年3月《福布斯》杂志的统计，李嘉诚的总资产值高达265亿美元，折合2000亿港元。

著名华人企业家李嘉诚依靠执著的精神及勇往直前的勇气成为香港最大的地产商和物业拥有者，他所经营的产业也遍布世界，是每一个向往成功的人学习的楷模。

李嘉诚出生于广东潮州一个书香世家，他的父亲曾任一所学校的校长。受此熏陶，他从小酷爱读书，家人都对他寄予厚望。他的家乡被日本侵略者侵占后，李嘉诚一家举家迁往香港投奔亲属。在那里，全家生活窘迫，得不到亲友的帮助，年幼的李嘉诚体会到世态的炎凉。14岁时，父亲染病去世，当时连买块好墓地的钱都没有。父亲临终前，李嘉诚曾向父亲保证，一定要让家人过上好日子，从此，家中日渐贫困，他只好辍学，到一家塑胶制造公司去做工。

凭借着聪明才智，李嘉诚很快就学会了塑胶制造公司的生产运营，于是他决定自立门户，用自己的积蓄去创业。1950年，李嘉诚筹办起了自己的塑胶公司，生产玩具和简单的日用品。工厂开办之初，他仅雇了两个工人，而自己每天工作16个小时，既是一厂之长，又是工人、推销员，还是传授技术

的师傅。晚上，他还搞设计，钻研各门技术。但由于太急于求成，工厂扩张过快，从而导致设备和人手都无法保障，生产出的产品常被退回，各个客户也都上门索赔，恰巧，又赶上国际塑胶市场有变，李嘉诚苦苦支撑的工厂濒临破产。

这场磨难让李嘉诚开始冷静思考，他细致地分析了国际形势和市场走向，决定重新选择一种有市场竞争力的产品——塑胶花。李嘉诚大胆预测：追求更高生活质量的人们必定会选择塑胶花美化生活。于是，李嘉诚的奋斗真正开始了。

他苦心学习塑胶花制造技术，采取薄利多销的手段进军各大市场。当时，与李嘉诚一同搞塑胶花加工的小作坊不下100家。在香港塑胶花生意受到国际市场冲击的时候，许多同行都垮掉了，李嘉诚却坚强地挺了过来。因此，香港真正把塑胶花生意做下来的仅李嘉诚一个，他是凭借着自己的勇气和毅力才使企业重新焕发出了生机。李嘉诚贫寒的出身注定他没有任何靠山，但胸中却充溢着一股舍我其谁的勇气，这种勇气致使他度过了艰难的困境，从而掘得了成就今后基业的第一桶金。

困难和危机一再出现，李嘉诚却始终不为人言与时局形势所动，坚定信念，让自己的企业一步步登上了更高的台阶。他超凡脱俗的智慧不服输的韧劲儿和卓尔不群的勇气，让他成为后来的地产大商、香港首富。

◎故事感悟

在困难和厄运面前，要坚定信念。在磨难中，只要有不服输的韧劲儿和卓尔不群的勇气，就一定能够看到胜利的曙光。

◎史海撷英

下南洋

16世纪后期到20世纪初期，我国东南沿海一带，特别是广东、福建两省，有大量人口"下南洋"谋生。他们中大部分人取得了所在国国籍,被称为华人。还有少数人保留了中国国籍,属于华侨。华人和华侨在东南亚各国人口中占较大比重。例如,新加坡占的华人和华侨占76%,马来西亚的华人和华侨占35%。华人和华侨对东南亚的开发和繁荣作出了巨大贡献。

◎文苑拾萃

李嘉诚十一句经典成功格言

1. 在20岁前,事业上的成功百分之百靠双手勤劳换来;20岁至30岁之前,百分之十靠运气好,百分之九十仍是由勤劳得来。

2. 与新老朋友相交时,都要诚实可靠,避免说大话。要说到做到,不放空炮,做不到的宁可不说。

3. 你要相信世界上每一个人都精明,要令人信服并喜欢和你交注,那才最重要。

4. 即使本来有100的力量足以成事,但我要储足200的力量去攻,而不是随便去赌一赌。

5. 一般而言,我对那些默默无闻,但做一些对人类有实际贡献的事情的人,都心存景仰,我很喜欢看关于那些人物的书。无论在医疗、政治、教育、福利哪一方面,对全人类有所帮助的人,我都很佩服。

6. 人才取之不尽,用之不竭。你对人好,人家对你好是很自然的,世界上任何人也都可以成为你的核心人物。

7. 知人善任,大多数人都会有部分的长处、部分的短处,各尽所能,各得所需,以量才而用为原则。

8. 做人最要紧的,是让人由衷地喜欢你,敬佩你本人,而不是你的财力,也不是表面上的服从。

9. 决定一件事时,事先都要小心谨慎研究清楚。当决定后,就勇注直前去做。

10. 在剧烈的竞争当中多付出一点,便可多赢一点。

11. 人生自有其沉浮,每个人都应该学会忍受生活中属于自己的一份悲伤。只有这样,你才能体会到什么叫做成功。

坚·坚韧顽强

第三篇

学海无涯苦作舟

刻苦攻读，孜孜以求的陈寿

◎凿不休则沟深，斧不止则薪多。——王充

> 陈寿（233—297年），字承祚，西晋巴西安汉（现在四川南充）人。西晋史学家。他小时候好学，师事同郡学者谯周，蜀汉时曾任卫将军主簿、东观秘书郎、观阁令史、散骑黄门侍郎等职。280年，晋灭东吴，结束了分裂局面。陈寿当时48岁，开始撰写《三国志》。

陈寿刚出生时，骨瘦如柴，父母怕养不活他，就给他取了这个吉祥的名字。

小陈寿没有辜负父母的心愿，他竟然一天天健康地长大了。五六岁时，他就开始跟着父亲在家中读书写字。他天资聪颖，好奇心强，勤学好问，在19岁那年就把家中的全部藏书读完了。他这时还在一所私塾里读书，私塾先生教的书本他很快就学会了。他的求知欲望已得不到满足，渴求学到新的知识，便恳求父亲，要到很远的地方向一位叫谯周的老师求学。父亲虽不放心，但经不住孩子的苦苦哀求，终于答应了。

陈寿高兴极了，他背着行李，带着干粮，急匆匆地上路了。经过十多天的辛劳跋涉，他终于找到了思慕已久的老师。

陈寿的老师谯周对孔夫子的学说很有研究，被朝廷封为光禄大夫（亲近皇帝的高级顾问官），是当时首屈一指的古代史学家。他开办的私学在巴蜀一带也最出名，许多豪门贵族都把子弟送到这里来读书。

陈寿初到这里，谯周见他是个十几岁的小孩子，不觉得有些好笑。他想：到我这里来求学的人都20多岁，这个乳臭未干的小孩子到我这里来求学，岂不有损于学堂的名声。于是，他连哄带推地对陈寿说："你太小了，我这里不收小学生，快回家去，过几年再来吧。"

陈寿一听就急了，连忙上前哀求说："先生，您收下我吧，别看我年岁小，我已经读完了《诗经》、《书经》、《礼经》、《春秋》……难道还不够格当您的学生吗？"

谯周听说他读了这么多书，有点不信，就出了几个题目来考他，没想到陈寿竟对答如流，谯周十分惊讶。他见陈寿聪明伶俐，心中很喜欢他，但又考虑到他年龄太小，心中有些犹豫。小陈寿见谯周沉吟半晌，没有说话，急忙走到他跟前抬起脚对他说："先生，为了到您这里来，我在路上走了十多天，把鞋底都磨穿了，您一定要收下我呀！"

谯周低头一看，只见陈寿脚下的鞋果然破了，底上穿了个洞，鞋面上裂了口，脚丫子露在外面，有几个地方还结着污黑的血痂。他被这个少年顽强求学的精神感动了，一把拉住陈寿的小手说："好吧，先试试看吧。"

陈寿来到这里以后，给学堂增添了不少生气。从来没有一个学生读过的竹简、帛书，一捆捆一堆堆放在角落里无人过问，陈寿却把它搬了出来。每天，天刚蒙蒙亮，他就爬到山坡上去读书；当夜深人静的时候，同学们早已入睡了，只有陈寿仍然独坐在书院的烛光下刻苦攻读。谯周的学堂里从来没有见过这样用功的学生，他非常喜欢这个年龄最小、最用功的学生。谯周高兴地说："昔日仲尼弟子三千，贤人七十二，我几十个学生中出了一个陈寿，也算不枉终生为教啊！"

从此，谯周更加细心教导陈寿了。陈寿也虚心地向老师请教。在谯周的指导下，陈寿进步很快。他精心研读了诸子百家的经典著作，钻研了六艺（诗、书、礼、乐、易、春秋）以及天文、历法、算术、医学等各方面的知识。他最爱读的是那些古代的历史名著，如《尚书》、《左传》、《公羊传》、《谷梁传》、《史记》、《汉书》等，他读了一遍又一遍。春秋战国的群雄争霸，秦汉王朝的兴亡更迭，都引起了他莫大的兴趣。那时候，还没有发明印刷术，为了得到这些书，陈寿一面读，一面抄，一面背，那些精彩的段落差不多都能熟背下来。他不仅为历史上那些动人的故事所激动，而且对那些写史的人也非常敬仰。他立志长大以后也能当上一名史官，给后人留下一部史书。从此，读书时，他不再满足于单纯的能记会背了，而且有目的地去研究、探索写史书的方法。

五年寒窗，陈寿孜孜不倦地苦读，使他成为一个学识渊博、才华横溢的青年。这时他感到，要写史书，光靠读书是不行的，更重要的是要搜集和整理资料。于是，他告别了谯周老师，回到了故乡，开始注意搜集地方史料，留心乡间的知名人物，用这些材料进行编写史书的训练。经过数年的艰苦努力，他终于写出了著名的《三国志》。

在我国浩瀚的史书典籍中，《三国志》占有重要的地位。这部书凝聚了陈寿毕生的心血。它与《史记》、《汉书》、《后汉书》合称为"四书"。在"二十五史"中，它也是不可缺少的一部，是我们中华民族宝贵的历史遗产。

◎故事感悟

陈寿为了求学，历尽艰辛，鞋磨破了也没有动摇他的决心。在学习的五年里，更是孜孜不倦，使谯周老师深感有陈寿一个学生不枉此生为教。凡有成就的人都像他一样，有坚定的意志、顽强的毅力、刻苦的精神。

◎史海撷英

赤壁之战

赤壁之战是三国形成时期，孙权、刘备联军于汉献帝建安十三年（208年）在长江赤壁（今湖北赤壁西北）一带大胜曹操军队，奠定三国鼎立基础的著名战役。赤壁之战是历史上以少胜多的著名战例之一。赤壁之战中，曹操自负轻敌，指挥失误，加之水军不强，且军中出现瘟疫，终致战败。孙权、刘备在强敌面前冷静分析形势，结盟抗战，扬水战之长，巧用火攻，最终获得了胜利。

◎文苑拾萃

《三国志》

　　《三国志》是晋代陈寿编写的一部主要记载魏、蜀、吴三国鼎立时期的纪传体国别史，详细记载了从魏文帝黄初元年（220年）到晋武帝太康元年（280年）60年的历史，受到后人推崇。《三国志》位列中国古代二十四史记载时间顺序第四位，与《史记》（司马迁）、《汉书》（班固）、《后汉书》（范晔、司马彪）并称前四史。

　　《三国志》不仅是一部史学巨著，更是一部文学巨著，包括《魏书》30卷，《蜀书》15卷，《吴书》20卷，共65卷。陈寿在尊重史实的基础上，以简练、优美的语言为我们绘制了一幅幅三国人物肖像图，人物塑造得非常生动。元末明初罗贯中综合民间传说和戏曲、话本，结合陈寿《三国志》和裴松之注的史料，根据他个人对社会人生的体悟，创作了《三国志通俗演义》。现存最早刊本是明嘉靖年所刊刻的，俗称"嘉靖本"，全书共24卷。清康熙年间，毛纶毛宗岗父子删改后，成为今日通行的120回本《三国演义》。

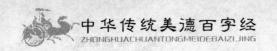

左思撰《三都赋》

◎千淘万沥虽辛苦，吹尽狂沙始到金。——刘禹锡

　　左思（约250—305年），字太冲，齐国临淄（今山东淄博）人，西晋著名文学家。自幼其貌不扬却才华出众。晋武帝时，因妹被选入宫，举家迁居洛阳，任秘书郎。左思出身寒门，虽有很高的文学才华，却在当时的门阀制度下屡不得志，只好在诗中表述自己的抱负和对权贵的蔑视，歌颂隐士的清高，因此成为太康年间成就最高的作家之一。《三都赋》与《咏史》是其代表作。

　　左思博学多才，能诗善赋，一生写了大量优秀的文学作品，成为当时文坛上享有盛名的领袖人物。

　　左思自幼贫穷，没有受过正规教育。但他志向远大，勤奋好学。在博览群书的过程中，渐渐对都赋（描写皇朝都城的文章）产生了浓厚的兴趣。每逢得到都赋，总要反复研读，立志要在写作都赋上作出一番成就。

　　汉朝的文学家班固写过《两都赋》，张衡写过《二京赋》，左思读后都赞叹不已。但是，他觉得这两赋虽好，也有美中不足之处。有些景物的描写缺乏事实依据，不免给人以虚假的感觉。他想，历史上的都城那么多，为什么自己就不能写一篇都赋，以扬前人之长，避前人之短呢？于是，他决心为三国时的蜀都成都、吴都建业（今江苏南京）和魏都邺城（今河北临漳）写赋，合称《三都赋》。

　　左思要写《三都赋》的消息在洛阳不胫而走，人们议论纷纷。赞许的有，但更多的是怀疑：一个无名小卒能成吗？真不知天高地厚。写《两都赋》《二京赋》的班固和张衡都是汉朝名家，他竟想超越前人，简直是太不自量力了！

在冷嘲热讽中，左思激愤了，难道就不能超越前人吗？能，一定能！因此，他更坚定了写好《三都赋》的决心。

为了使《三都赋》言必有据，真实可信。他认真查阅、仔细研究了有关蜀都、吴都和魏都的大量史料，向了解情况的人调查三都的风土人情和山川草木，然后进行精心构思。在写作过程中，他意识到自己的知识积累还满足不了写作《三都赋》的需要，便主动请求担任秘书一类的职务，以便开阔眼界，增长知识。他不知疲倦，废寝忘食地创作。早上天蒙蒙亮就起床，晚上在烛光下一直写到深夜。他在室内、院子里、大门边，甚至厕所外面，都摆上桌子，安放好纸墨笔砚，想到一个好句子，马上就提笔记下来。他走路想，吃饭想，连上厕所都在思考文章的写法，有时简直入了迷。有一次，由于太专心，他竟把两支毛笔当筷子送入了口中，弄得满嘴乌黑。

夜晚，他伴着孤灯，在写得密密麻麻的纸上竟找不出哪些是需要删节、哪些是需要保留的句子。室内、庭院满是他写的草稿纸，狂风一吹，到处飞舞。随着时光的流逝，左思日夜书写，累得消瘦了、憔悴了，两鬓也开始添上几丝白发。足足花了10年心血，他的《三都赋》终于完成了。可是，左思已经从一个青年人变成了一个中年人了。

左思这部光辉赋作问世的时候，他决心找一个有真才实学的人来作评定。他把《三都赋》送给了学识渊博、德高望重的皇甫谧。皇甫谧反复看了几遍，禁不住拍案叫绝，立即提笔写序，然后又请人作了注解。几乎被打入冷宫的《三都赋》顿时身价百倍，成了洛阳的畅销书。人们视为珍宝，争相传抄。洛阳的纸张也紧张起来，纸价上涨了两三倍。到后来，人们有钱也买不到纸。只好到外地去买，"洛阳纸贵"的成语就是从这里产生的。

◎故事感悟

左思不在乎别人的嘲笑，立志写《三都赋》。他废寝忘食地工作，甚至到了把两支毛笔当做筷子的境界。工夫不负有心人，他终于成功地完成了被人们视

为珍宝、争相传抄的《三都赋》。人活一世，就应该有自己铸在心里的追求，并且矢志不渝。

◎史海撷英

三国归晋

公元263年司马昭为了建立赫赫军功，以做好篡夺权位的准备，命钟会、邓艾及诸葛绪率军伐蜀，蜀汉主将姜维阻敌于剑阁。最后邓艾经阴平直袭涪城，进逼成都。最后刘禅投降，蜀汉灭亡，史称魏灭蜀之战。及后钟会、姜维意图叛变，但被司马昭立即平定。不久司马昭去世，其子司马炎最后于266年篡位，曹魏灭亡。司马炎建立晋朝，是为晋武帝，定都洛阳，史称西晋。

当时孙吴局势混乱，吴帝孙皓不修内政又穷极奢侈。270年河西鲜卑族秃发树机能叛乱，直至279年方平定。司马炎在此时先做好伐吴准备，他派羊祜守襄阳与孙吴名将陆抗对峙，派王浚于益州大造船舰。274年陆抗去世，次年羊祜提议伐吴，遭贾充反对而作罢。经过多年准备，279年王浚、杜预上书司马炎，认为是伐吴的时候了，贾充、荀勖等则以"西北未定"的理由反对。最后司马炎决定于该年12月进攻东吴，史称晋灭吴之战。司马炎以贾充为大都督，上游王浚军、中游杜预等军、下游王浑等军共六路并进。最后于280年逼近建业，孙皓投降，孙吴灭亡，三国归晋，全国重新大一统。

◎文苑拾萃

《三都赋》

《三都赋》是西晋时期左思用10年时间写成的。分《魏都赋》、《吴都赋》、《蜀都赋》三部分。《三都赋》不只是描写三个都城，而是写魏、蜀、吴三个国家的概况。当时的大文豪陆机曾想写这一题材，因左思已有成文，陆机感到很难超越，故止笔。

怀素刻苦钻研书法

 ◎只要功夫深，铁杵磨成针。——格言

怀素（725—785年），中国唐代书法家，俗姓钱，字藏真，湖南零陵人（今湖南省永州市零陵区）。因他三家为僧，书史上称他"零陵僧"。

怀素是中国历史上杰出的书法家，他的草书称为"狂草"，用笔圆劲有力，使转如环，奔放流畅，一气呵成，和张旭齐名。后世有"张颠素狂"或"颠张醉素"之称。怀素也能作诗，与李白、杜甫、苏涣等诗人都有交往。他好饮酒，每当饮酒兴起，不分墙壁、衣物、器皿，任意挥写，时人谓之"醉僧"。他的草书出于张芝、张旭。唐吕总《读书评》中说："怀素草书，援毫掣电，随手万变。"宋朱长文《续书断》列怀素书为妙品，评论说："如壮士拔剑，神彩动人。"

在我国书法史上有一个"颠张醉素"的美称，"颠张"指的是张旭，"醉素"则是指怀素。怀素的狂草继承了张旭，并自成一家，后人称之为"以狂继颠"。

怀素自幼家贫，出家当了和尚。寺内有位师兄爱好书法，小怀素常帮他磨墨，于是逐渐对书法产生了浓厚的兴趣，就跟着读书写字。师兄让他先临摹欧阳询的楷书，不久他的字就学得很像欧体，他便想开始学草书。师兄告诉他，楷书是书法的基础，不练好楷书，别的书体就写不好，写不出神态。不管做什么事，都要下苦功打好基础。

怀素没有钱买文房四宝，他就在寺院附近种了万余株芭蕉，以蕉叶代纸，人们称该寺为"绿天庵"。芭蕉叶不够用，他想方设法油漆了一块木板来练字，时间久了，木板竟被写穿了。练习书法要用毛笔，用上一段时间，就成秃笔，无法再用。怀素弃笔成堆，他将秃笔埋在山下，戏称"笔冢"。他学欧体形神兼备，几乎可以乱真。接着他又学三国时期魏国钟繇的楷书。钟繇是我国楷书的奠基人，其楷书飞动，点画之间多异趣，钟繇的楷书对怀素的草书产生了积极的影响。

在扎实的楷书基础上，怀素开始学习东汉张芝的草书。张芝被称为"草圣"，写字一笔而成，气脉能隔行相通。怀素也学王羲之、王献之的草书。他身怀绝艺，有超越前贤的勇气。有人劝他："当代张旭狂草已名扬天下，你想在此领域内开创新天地，那实在太难了！"怀素笑道："我写草书在笔画瘦挺、结构造型、章法布局、运笔气势等方面有自己特色，我要选择这条最为艰难的路奋勇前行！"

唐肃宗乾元元年（758年），大诗人李白被流放到夜郎（今贵州），途经湖南时与年轻的怀素相遇。酒逢知己千杯少，怀素在大醉中挥洒翰墨，一如龙蛇盘绕。李白也乘着酒兴抒发胸臆，写了《草书歌行》相赠。李白此诗迅速传开，怀素也从此名震天下。

唐代宗大历四年（769年），诗人苏涣来长沙任幕僚，也惊叹怀素草书的神妙，鼓励他南游广州，并为之向广州刺史徐浩写了推荐信。徐浩是当时著名的书法家，精于楷书。怀素慕名而去，两人一见如故，徐浩留怀素住了一年多，于是怀素的草书闻名于岭南。

唐代宗大历六年（771年），怀素游历京城长安，京城中名流与文士都愿与他交游，常常请他当场挥毫。怀素喜欢喝酒，在酒酣之际运笔纵横，神采飞扬，酣畅淋漓而又有法度。诗人窦冀目睹此情此景，写诗赞叹："粉壁长廊数十间，兴来小豁胸中气。'忽然绝叫'三五声，满壁纵横千万字。""忽然绝叫"是指怀素的创作冲动不可抑制、情不自禁地发出强烈的呼叫。诗人戴叔伦也写诗赞道："驰毫骤墨剧奔驷，满座失声看不及。"在场的观众目光居然跟不上怀素迅疾的挥毫笔势，失声叫好，这充分显示出怀素高超的书法艺术具有冲击人心的震撼力。

在京城长安，怀素如饥似渴地研读着各书法名家的精品，观看了众多的名家碑刻和题字，几乎达到了如痴如醉的地步。怀素曾向颜真卿学过书法，颜真卿把自己学得的张旭笔法毫无保留地传给他，使他感动万分。他也去拜见过其他文士名流，大家都以诗相赠。他将师友的赠诗汇编成册，名为《怀素上人草书歌》，颜真卿为此诗集作序。长安之行使怀素大开眼界，大长见识。他的狂草艺术得到社会名流的赞许，从此一跃登上中唐书坛。

　　一年之后，怀素载誉回到长沙，继续精研书艺，由灿烂渐趋平淡。晚年所书《自叙帖》《苦笋帖》刚劲圆转，回笔藏锋，在艺术上直追张旭，成为唐代书坛上草书艺术的第二座高峰，对后世产生了深远的影响。

◎故事感悟

　　一个人要想成就大业，就必须付出努力和汗水，怀素为了攀登书法的最高境界，练穿了木板，练秃了笔头，终于成了书法家。从他的经历中我们可以体会到，要想攀登高峰就要不懈努力！

◎史海撷英

唐朝的书法

　　唐朝时书法家辈出。欧阳询、虞世南是初唐著名书法家。欧阳询的楷书笔法严整，代表作为《九成宫礼泉铭》，虞世南楷书体柔圆。颜真卿和柳公权是唐中后期书法家的翘楚。颜真卿的楷书用笔肥厚，内含筋骨，劲健洒脱，代表作为《多宝塔碑》；柳公权的字字体劲健，代表作为《玄秘塔碑》。世人称颜柳书法为"颜筋柳骨"。张旭和怀素则是草书大家。此外如孙过庭、褚遂良等都是书法名家。

◎文苑拾萃

草书歌行

李白

少年上人号怀素，草书天下称独步。

墨池飞出北溟鱼，笔锋杀尽中山兔。

八月九月天气凉，酒徒词客满高堂。

笺麻素绢排数厢，宣州石砚墨色光。

吾师醉后倚绳床，须臾扫尽数千张。

飘风骤雨惊飒飒，落花飞雪何茫茫。

起来向壁不停手，一行数字大如斗。

恍恍如闻神鬼惊，时时只见龙蛇走。

左盘右蹙如惊电，状同楚汉相攻战。

湖南七郡凡几家，家家屏障书题遍。

王逸少，张伯英，古来几许浪得名。

张颠老死不足数，我师此义不师古。

古来万事贵天生，何必要公孙大娘浑脱舞。

"警枕"促读

◎宝剑锋从磨砺出，梅花香自苦寒来。——格言

> 司马光（1019—1086年），北宋陕州夏县（今山西夏县）人，字君实，号迂夫，晚年号迂叟，世称涑水先生。司马光是我国历史上著名的政治家、史学家和散文家。司马光自幼嗜学，尤喜《春秋左氏传》。卷帙浩繁的史学巨著《资治通鉴》就是由他主编的。

　　司马光从小爱读书，尤其喜欢读历史书。他虽然不聪明，但是看到别人有什么长处就下工夫学习，直到超过别人为止。比如，他小时候和哥哥、弟弟们一起学习，感到自己的记忆力比较差，便想办法克服这个弱点。每当老师讲完课，哥哥弟弟们读上一会儿便扔开书本、跑到院子里去玩的时候，司马光就关上门窗，独自一人一遍又一遍地高声朗读起来，直至能流畅地背诵才肯休息。他还利用一切空闲时间，比如骑马赶路或夜里不能入睡的时候，一面默诵，一面思考。久而久之，他不仅对所学的内容能够精通，而且记忆力也越来越强了，少时所学的东西竟至终身不忘。

　　司马光做官以后，读书更加刻苦。为了抓紧时间读书，他给自己设计了一套特别的卧具：一张木板床和一个小圆木枕头。为什么要用圆木作枕头呢？因为硬邦邦的圆木枕头放在硬邦邦的硬木板床上容易滚动，读书困了睡着时，只要一翻身，枕头就滚走，头便会磕在木板上，这样就会惊醒，可以马上起来继续读书，不会一觉睡到天亮。司马光给这个小圆木枕头起了个名字，叫"警枕"。

司马光长时期的勤学苦读，扩大了知识面，提高了认识水平，为著书立说打下了坚实的基础。

《资治通鉴》（以下简称《通鉴》）的编修，前后历时19年。在《通鉴》的编修过程中，司马光付出了艰辛的劳动。据说，他每天很早起床开始工作，一直到深夜才就寝。每天修改的稿纸有一丈多长，而且上边没有一个错字。等到《通鉴》修完，在洛阳存放的未用残稿就堆满了两间屋子。司马光在他的进书表上说"平生精力，尽于此书"，绝非虚语。

◎故事感悟

司马光抓紧时间勤学苦读，用自己设计的一套特殊的卧具来警示自己，最后编制了《资治通鉴》。可见生活中会遇到挫折，但是不要灰心丧气，只要怀抱憧憬，坚持不懈地努力，就一定会成功的。

◎史海撷英

"丘八"诗人

冯玉祥将军不仅是个善于带兵打仗的军人，而且还是一个诗人。周恩来总理曾赞誉他所倡导的"丘八"体诗，"兴会所至，嬉笑怒骂，都成文章"。

冯玉祥在泰山期间写了很多诗。他的诗不像文人雅士那样，以观松眺雪、吟风弄月为题，他是从观察民情和时弊所得感慨而写成诗的。他的诗，俚语乡言，通俗易懂，感情真挚。

◎文苑拾萃

《资治通鉴》

简称《通鉴》，北宋司马光所主编。它是我国最大的一部编年史，全书共294卷，通贯古今，上起战国初期韩、赵、魏三家分晋（公元前403年），下迄五代（后梁、后唐、后晋、后汉、后周）末年赵匡胤（宋太祖）灭后周以前（959 年），凡 1362 年。作者把这 1362 年的史实，依时代先后，以年月为经，以史实为纬，顺序记写。对于重大的历史事件的前因后果，与各方面的关联都交代得清清楚楚，使读者对史实的发展能够一目了然。

王冕勤奋画荷花

◎学习好像马拉松赛跑一样，贵在坚持和耐久。——杨乐

王冕（1287—1359年）元代著名画家、诗人、书法家。浙江诸暨人。他出身农家，幼年丧父，在秦家放牛，每天利用放牛的时间画荷花，晚至寺院长明灯下读书，学识深邃，能诗。他曾隐居九里山，以卖画为生。他画梅以胭脂作梅花骨体，或花密枝繁，别具风格，亦善写竹石。兼能刻印，用花乳石做印材，相传是他始创。著有《竹斋集》《墨梅图题诗》等。

古代有个大画家王冕最擅长画荷花，他画的荷花姿态万千，像真的一样。许多人为了求他画一幅荷花，不辞辛苦，从很远的地方带着贵重的礼物赶到他家。

大家只知道他画，画得好，可没有几个人知道他为何会画得这么好。其实，这位画家小时候家里很贫困，他白天替人放牛填饱肚子，只有晚上才有一点时间在自己家里的小破桌子上自学。

有一天，他在湖边放牛，忽然下起一阵雨。一会儿雨停了，湖里的荷花和荷叶被雨水冲洗得非常干净，荷花在微风中摇曳，荷叶上还有亮晶晶的水珠。他看了这样的美景，心里想：要是能把它画下来该多好啊。于是他用身上仅有的一点零用钱买了纸和笔，开始画了起来。

画了一张又一张，每一张都画不好，不是颜色不对，就是构图不好。可是，王冕一点儿也不灰心。画啊，画啊，不知不觉中半天的时间过去了。等他一抬头，天已经快黑了，牛也不见了，他只好空着手回去了。

回去后，他挨了一顿骂。可是，他一点儿也没打算放弃，他坚信总有一天他会画好的。于是，每天不管日晒雨淋，他都一边放牛一边观察荷花。有

时，他就在湖边画起来；有时，晚上回家还要画上几个时辰。

日子一天一天地过去了，他不知画了多少幅荷花，可能要以千万幅来计数吧，他的荷花也越画越好。渐渐地，十里八乡都知道他的荷花画得好，很多人都想要他的画，他便把荷花画拿出去卖，卖得钱拿回家孝敬母亲。他的家境因此渐渐好转，不再替人放牛了。同时他的名声也渐渐远播，终于成为一个全国有名的大画家。

◎故事感悟

王冕热爱画荷，他专心致志、持之以恒、反复练习，终于成功了。学习就是这样，不但要有热情，还要有耐力和毅力。

◎史海撷英

元代的运河

元代全国政治中心移到了北京以后，为了缩短从北京到杭州绕道洛阳的航线，1283—1293年先后挖通了北京到通县的通惠河、山东临清到东平的会通河、东平到济宁的济州河。把运河改成直线后，比隋代京杭运河缩短了900多千米。自隋唐至宋，大运河是以洛阳为中心的一条南北运输线，经元朝修会通河和通惠河以后就成为以大都为中心的新型运河了，它就是今天京杭大运河的前身。

◎文苑拾萃

元 曲

元代是元曲的鼎盛时期。元曲的兴起对于我国民族诗歌的发展、文化的繁荣有着深远的影响和卓越的贡献。关汉卿、白朴、马致远、郑光祖四位元代杂剧作家代表了元代不同时期不同流派杂剧创作的成就，因此被称为"元曲四大家"。《窦娥冤》全称《感天动地窦娥冤》，是元朝关汉卿的杂剧代表作，也是我国古代悲剧的代表作。

高则诚踩穿地板

◎心坚石也穿。——王懋

高则诚（1305—约1375年），原名明，号则诚，又号菜根道人。瑞安阁巷人。元朝建立以后，高则诚考中进士，断断续续做了十来年的元朝官吏。由于他为官清廉，不畏权势，生性耿直，刚正不阿，经常与上司意见不合，故常常辞官隐退，任职时间都不长。后专心致志从事他酝酿已久的《琵琶记》的创作。大约花了三年时间，《琵琶记》终于问世。《琵琶记》上演以后，深受广大群众欢迎，在元末的剧坛上成为一朵璀璨夺目的鲜花，600多年，流传不衰，影响深远。

高则诚看了民间故事《赵贞女与蔡二郎》后，非常感动，决心写一部戏剧。于是，他辞官回家，隐居在宁波南乡的栎社，开始了创作。

当时文人写的戏有些情节不便于演唱，他为了使自己写的戏合乎格律，便于演唱，就边写边唱。每写一个曲子，他都要右手扶着几案，左脚踩着地板打拍子，反复吟唱，发现不合声律和拗口的地方就停下来修改，反复多次直到满意为止。由于经常边打节拍边唱，日子久了，口干舌燥，声音也嘶哑了。朋友劝他："何必为难自己到这种程度呢？"

高则诚说："干什么都不是轻而易举的，要写出词曲优美、人物鲜明、情节生动的戏剧从而超越前人，不苦怎么行呢？"

整整三年过去了，他终于写成了《琵琶记》。只见几案上手拍的地方，指痕竟有一寸多深，左脚踏拍的地方，地板都被踩穿了，出现了一个窟窿。由于他的艰苦劳动，《琵琶记》被誉为"南戏之祖"，他也被誉为著名的剧作家。

◎故事感悟

　　高则诚专心致志地写戏曲，到了踏穿地板的程度。这告诉我们做什么事情都要努力，一点一滴积累，有一天你会发现，其实自己也可以很伟大。

◎史海撷英

元代的驿道、驿站

　　元代统一以后，疆域十分辽阔。为了加强各地政治、经济、文化之间的联系，元朝廷大力发展交通运输业，建立了四通八达的驿道、驿站体系。驿站的设置开始于成吉思汗时期，此后规模不断扩大。忽必烈建元后，逐步建立起以大都为中心的四通八达的驿站网。驿站分陆站和水站。全国各类驿站有一千五百多处，在驿站服役的驿户达到二三十万。与驿站相辅而行的还有急递铺，专门负责朝廷和官府紧急文书的传送。驿站和急递铺的建立是以军事和政治为主要目的的，客观上对巩固政权、维护中央集权统治起到了积极的作用，而且加强了各地区、各民族的政治、经济、文化联系，在一定程度上促进了元代商品经济的繁荣，保障了各界人士的旅途畅通和旅行安全。

◎文苑拾萃

四大悲剧

　　元代杂剧关汉卿的《窦娥冤》、白朴的《梧桐雨》、马致远的《汉宫秋》和纪君祥的《赵氏孤儿》是中国戏曲史上的辉煌篇章。这四部戏剧从其诞生之日起就被列入了中国悲剧的行列，被后世学者冠以"元代四大悲剧"之称，并给予了很高的赞誉。它们通过真实的生活和唯美的艺术抒写了荡气回肠的悲情旋津，让几百年来的读者产生无数次心灵的震颤和对人生的哀叹、感悟。

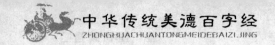

邱心如历尽艰辛著大作

◎眼前多少艰难事，自古男儿当自强。——李咸用

> 邱心如（生卒年不详），清朝弹词女作家，江苏淮阴人。清道光二十五年（1845年）前后在世。其夫为张姓儒生，潦倒平生，家贫甚，回母家赖设帐授徒为生。作弹词《笔生花》，有咸丰七年（1857年）刊本。

《笔生花》是中国古代继《天雨花》、《再生缘》之后，又一部由女作家创作的百万言弹词巨篇。作者邱心如常常情不自禁地在回首、卷末倾诉胸中积郁的块垒，自叙创作的甘苦。书中还刊有其表侄陈同勋和云腴女士撰写的序文，这使我们得以较为详尽地窥知她的身世和创作经历。

邱心如约生于嘉庆十年（1805年），活到同治十一年（1872年）以后。她生于读书人家庭，世居故里，父亲一世忠厚，"里党中，品学堪推两字兼。论家风，祖籍淮阴原望族；评事业，官居学博奉先贤。这其间，化行士俗敦儒教；这其间，晚隐乡居少俸钱。真个是，不作风波于世上；真个是，绝无冰炭置胸前。重伦常，言惟礼乐心无苟；余旨蓄，惠及贫寒志不悭"。在这样的家庭，她自幼接受的是正统的儒家女教，"止无非，父谈《内则》书和典；止无非，母督闺工俭与勤。为训者，利口覆邦男所戒；为训者，巧言乱德女子箴。因此教，时时择语浑如哑；因此教，事事重思惧失行"。这种封建礼教的熏陶，使她头脑中充斥了浓厚的封建伦理观念。但她毕竟具备了良好的文化素养和勤奋耐劳的品格，在"常日间，习静拈针惟默默"之余，也不免要"偷闲弄笔颇欣欣"。她"未知世态辛酸味，只有天生文墨缘。喜读父书翻古史，更以母教嗜闲篇：大都绮阁吟香集，亦见骚坛唾锦联"。

　　正是这些古史和诗文"闲篇"使她突破正统女教的框束，开阔了眼界，增长了见识，培养起浓厚的文学艺术兴趣，以至每每兴致勃勃地"偷闲弄笔"学书作文，显露了卫夫人、谢道韫般的才气。嗣后心如所嫁非遇，丈夫潦倒，公婆不容，"千钧重负压枯骨"，过着"惊米贵，苦囊空，不在愁中即病中"、"朝朝欲断灶中烟"的凄苦生活。同时娘家也迭遭变故，老父、诸兄、妹父相继弃世，幼子痘殇夭亡，真个是"千虑集，百忧煎，微遭穷愁愁更添"，直到晚年依旧"质尽衣衫存败絮，空余性命比轻尘"，不得不"老犹设帐"，靠开塾授徒糊口为生。这种艰难坎坷的经历使她"备尝世上艰辛味"，洞悉社会腐败，熟谙世态炎凉，切身体验贫苦妇女的苦涩辛酸。她痛感命运不公，不禁搔首呼天："而今天道曲还偏！"邱心如并没有低首消沉，在落叶为薪、野蔬充膳，"破垣败壁堪容膝"、"冷灶荒厨欲禁烟"、"穷愁苦病一身兼"的极端困苦环境，心如唯以写作《笔生花》排忧解愁。

　　邱心如以坚韧不拔的毅力，"诗肠欲并愁肠结"、"墨迹将和泪迹研"，断续费时30载，其间曾迫于各种变故中缀19年，终于完成了8卷32回百余万字的长篇巨作。

　　《笔生花》着重反映了从宦门闺秀到孤苦少女，特别是下层贫苦妇女所遭受的种种屈辱、摧残，对广大妇女的悲惨命运寄予了深切的同情。同时，邱心如"处处为女性张目"，浓墨渲染她心目中理想人物姜德华的文韬武略。这位奇女子不仅出口成章，文才出众，科举应试独占鳌头，而且具有政治家的胆魄，军事家的谋略。"堪喜堪喜还堪敬，竟公然，女子勤王定太平。明室江山重复振，算来全仗一钗裙"。面对权臣篡政，国家危难之际，满朝文武惊慌失措，唯赖姜德华一位女子"扶国难，灭权奸"，重整河山。"生女如斯胜似男"、"弄瓦无须望弄璋"！这是对封建礼教男尊女卑的有力否定。当然邱心如清醒地认识到，充分发挥妇女的才能，做出令须眉叹服的业绩，在当时也只能是一种美好的愿望，是无法实现的幻想。姜德华的才能功业也只有靠女扮男装才有可能施展。而一旦恢复本来面目，便得重新雌伏于闺室，一切如泡影般幻灭。所以当她描绘姜德华身份暴露后的心理活动时，愤懑不平地写道：老

父既产我英才，为什么，不作男儿作女孩？这一向，费尽辛勤成事业；又谁知，依然富贵弃尘埃。枉枉的，才高八斗成何用！枉枉的，位列三台被所排。

这"老父既产我英才，为什么，不作男儿作女孩""枉枉的，才高八斗成何用"是对女子才华备受压抑痛彻肺腑的慨叹，是对封建社会男尊女卑的愤怒谴责和抗争。

◎故事感悟

正如谭正璧在《中国女性文学史话》中所赞扬的："一个贫困交迫的女性，能独立成此百余万言的巨著，而且技术高妙，文辞优美，在中国文学史上能有几人？在这点上，不由我们不极端崇拜这位伟大的弹词作家——邱心如女士。"

◎史海撷英

《笔生花》的艺术特点

邱心如的《笔生花》在文学艺术表现手法上独创一格，具有很高的造诣。它看来像是叙事，但又不同于平庸的叙事文体；它类似章回小说，但又有别于演义；它属于戏曲性作品，但又不采用剧本形式。在行文中，作者很巧妙地把诗、词、说、唱融为一体，笔调错落有致，运用自如。作品对人物的内心世界和精神风貌描写细腻，揭示深刻；而对千姿百态的景物描绘，则又墨泼毫舞，气势壮观。其笔法之秀和文采之胜，在弹词作品中首屈一指。

◎文苑拾萃

闲居偶成

（清）陈三立

阶下芙蓉花已繁，列盆晚菊亦翻翻。

风轻日暖擘瓯坐，留得蜂房长子孙。

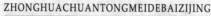

坚·坚韧顽强

第四篇

咬定青山不放松

给犹太人办签证

◎石可破也，不可夺其坚；丹可磨也，不可夺其赤。——《吕氏春秋》

何凤山（1901—1997年），二战期间任中国驻维也纳总领事。他向数千犹太人发放了前往上海的签证，使他们免遭纳粹的杀害，被称为"中国的辛德勒"。

1938年，纳粹德国吞并了奥地利。奥地利是世界第三大犹太人居住国，奥地利的犹太人从此遭受了厄运。每天都有无辜的犹太人遭到残忍杀害，更多的人被关进了集中营，遭受着非人的折磨。在自己的国家没有办法生存下去了，犹太人只好前往各国驻维也纳领事馆申请移民。但是，多数国家拒绝伸出援助之手，因为他们怕给犹太人签证会引起不必要的麻烦。

何凤山是当时中国政府驻奥地利维也纳的总领事。眼看着奥地利的犹太人将被惨无人道地斩尽杀绝，他的心被刺痛了，他决定尽自己所能来帮助这些苦难的人们。他规定，任何人只要提出申请，就能在中国领事馆得到去上海的签证。这一消息像长了翅膀一样，迅速在奥地利的犹太人中传开了。中国领事馆门前很快排起了长龙，每个人都希望能尽快得到这一生命签证。何凤山和他手下的工作人员忘我地工作着，以最快的速度为他们办了好各种手续。

很快，何凤山给犹太人发签证的事传到了他的顶头上司陈介耳朵里。陈介时任国民党政府派驻德国柏林的大使。陈介胆小怕事，生怕这事会砸了自己的"饭碗"。他从柏林打电话到维也纳，命令何凤山赶快停止给犹太人办签证，以免惹火上身。何凤山在电话那头当即说："不行，我不能眼看着这些无辜的人遭受屠杀。对不起，我无法按照您的要求做。"

　　何凤山虽然顶住了上司的压力，但纳粹当局不会放过他。他们找了一个借口，将中国驻奥地利领事馆的房子没收了。何凤山并没有因此退却，他掏出自己的积蓄，在维也纳另租了一所小屋子，作为领事馆办公处，继续给犹太人发签证。他说："只要我在任一天，我就会帮助这些苦难的人。"

　　何凤山从1938年5月到任到1940年5月被调离岗位，他到底给多少犹太人发过签证，挽救了多少犹太人，现在都已经很难查证了。从一位犹太幸存者提供的护照上看，1938年7月20日，这位名叫艾兰克的幸运者领到的签证号已超过1200号。这样算来，何凤山至少救了数千名犹太人的性命。

　　2000年1月26日至28日，在瑞典首都斯德哥尔摩召开了一次专门反思20世纪大屠杀的国际会议。会议期间，世界犹太人组织举办了一个名为"生命的签证"的展览，介绍二战期间救助犹太人的各国外交官，排在榜首的就是何凤山。美国大名鼎鼎的亿万富翁伊斯雷尔·辛格（现任全世界犹太人大会的秘书长）在会上含着泪水说："我的父母就是何凤山先生救的，他是一位真正的英雄。我一定要把他介绍给全世界的人。"

　　2001年1月23日，以色列政府在耶路撒冷的犹太人屠杀纪念馆举行了隆重的仪式，授予何凤山"国际正义人士"的荣誉称号，并颁发了"国际正义人士奖"证书。

◎故事感悟

　　为了正义事业，就算是惹火上身，何凤山也要给犹太人办签证。他是一位真正的英雄，无愧于"国际正义人士"的荣誉称号。

◎史海撷英

第二次世界大战

　　1939年9月1日至1945年8月15日，以德国、意大利、日本法西斯轴心国

（及芬兰、匈牙利、罗马尼亚等国）为一方，以反法西斯同盟和全世界反法西斯力量为另一方进行了第二次全球规模的战争，即第二次世界大战，简称二战。从欧洲到亚洲，从大西洋到太平洋，先后有61个国家和地区、20亿以上的人口被卷入战争，作战区域面积2200万平方千米。据不完全统计，战争中军民共伤亡900多万人，4万多亿美元付诸东流。第二次世界大战最后以美国、苏联、中国、英国等反法西斯国家和世界人民战胜法西斯侵略者赢得世界和平与进步而告终。

◎文苑拾萃

何凤山博士墓志铭

（现代）余秋雨

公元20世纪30年代，法西斯狂潮肆虐欧洲，数百万犹太人惨遭迫害。无辜平民死中求生寻找逃奔之路，多国政府慑于淫威拒收犹太难民。在此漫天黑暗间，维也纳一处屋宇灯火犹亮，一位东方外交官争分夺秒发放签证，帮助犹太难民逃到上海和其他地方。

屋宇为何名？中国驻维也纳总领事馆也。外交官为何人？中国驻维也纳总领事何凤山博士也。

此屋宇终被法西斯没收，何凤山博士自租公寓继续签证。此善举又被国内同行疑忌，何凤山博士光明磊落不为所动。随其手也，千百家庭得以绝处逢生；随其笔也，沉溺之身攀上救命方舟；随其声也，域外人士惊识中华文明；随其形也，离乱生命重建人世信心。

华夏之德，不思远征而不拒远援。君子之道，默行大善而不声张。何凤山博士之功绩埋入尘沙久焉，近年方见端倪，已被以色列政府授予"国际正义人士"的荣誉称号。其家乡中国湖南省益阳市民众闻之事迹，深为感动，遂会商其子女，决定修筑何凤山纪念墓地于中心城区，以千年乡土体温，永久拥抱这位伟大游子。

余赞之曰：三尺之助尚不易，万里之善非等闲，乱世星火天有记，湖南益阳何凤山。

顽强拼搏的铁人王进喜

◎人，只要有一种信念，有所追求，什么艰苦都能忍受，什么环境也都能适应。——丁玲

> 王进喜（1923—1970年），大庆人的杰出代表，中国石油工人的光辉典范，中国工人阶级的先锋战士，中国共产党人的优秀楷模，中华民族的英雄。他为祖国石油工业的发展和社会主义建设立下了不朽的功勋，在创造了巨大物质财富的同时，还给我们留下了宝贵的精神财富——铁人精神。

王进喜是大庆油田工人阶级的先锋战士，同志们称他王铁人。他胸怀革命大目标，一心为公，严于律己，为甩掉我国石油落后的帽子，献出了自己毕生的精力，为祖国社会主义建设立下了不朽的功勋。

1960年3月，王进喜率领1205钻井队，千里迢迢来到寒风怒吼、滴水成冰的大庆草原，决心拿下我国第一个大油田。会战初期，遇到重重困难，王进喜说："为甩掉石油落后的帽子，把我们国家建设得更强大，天大的困难也要顶得住。"工人们被他的精神所鼓舞，人人干劲儿倍增。工人们拉的拉、抬的抬、扛的扛，硬是用肩膀和双手把钻机从火车上卸下来，搬到几十里以外的井场上了。眼看就要打井了，水管没接好，开钻没水怎么办？为争夺时间，王进喜带领全队工人硬是用盆端来了几十吨水，提前开钻。经过日夜奋战，大庆荒原的第一口井于4月19日喷出乌黑发亮的原油。

5月的一天，天刚蒙蒙亮，王进喜在井场上指挥工人放井架"搬家"。忽然，一根几百斤重的钻杆滚下来砸伤了他的腿，王进喜痛得昏了过去。等他

醒来一看，井架还没放下，几个工人在围着救护他。王进喜急了，对大家说："我又不是泥捏的，哪能碰一下就散了？"说完，猛地站起来，举起双手指挥工人继续放井架，鲜血从裤腿和鞋袜里浸了出来。

打第二口井的时候，王进喜的腿伤还没好，成天拄着双拐在井场上来回指挥。

一天，轰隆一声，钻机上几十斤重的方瓦忽然飞了出来，井喷的迹象出现了。在这十分危急的时刻，王进喜忘记自己的腿疼，立刻奔上前去。压井喷需要用重晶石粉调泥浆，井场上没有，他当机立断决定用水泥代替。一袋袋水泥倒进泥浆池，没有搅拌机，水泥沉在池底。这时，王进喜奋不顾身，把双拐一甩，说了声："跳！"就纵身跳进泥浆池，用自己的身体来搅拌泥浆。几个小伙子也跟着跳了进去。他们整整奋战了三个小时，险恶的井喷被压下去了。油井和钻机保住了。同志们把王进喜扶出来时，他手上身上被水泥浆烧起了大泡，腿疼使他扑倒在钻杆上，豆大的汗珠不停地从脸上滚下来。井场附近的老乡纷纷称赞说："你们的王队长真是舍己为公的铁人啊！"

有一次，在湖泊冰面上做钻井试验，王进喜亲自在车前探路指挥。汽车向冰湖开去，冰面上咔嚓咔嚓直响，他不慌不忙地引导汽车平稳前进。湖面断裂开一道道缝隙，湖水从缝里涌了出来，岸上人惊叫："危险！停！停！"王进喜完全忘却了个人安危，大声说："不怕，冰面有裂缝是个别地方。"于是，继续开车前进。终于，探出了一条冰上钻井的路。

◎故事感悟

王进喜的一生有自己的信念、自己的追求，为了中国石油工业的发展，不怕苦不怕累，一心扑在工作上。我们要学习他这种精神，更好地建设我们的祖国。

◎文苑拾萃

世界冠军要咱当

王进喜

大地回春练兵忙，磨好刀枪整好装。

只待战令一声下，跃马扬鞭上战场。

庄稼喜雨花朝阳，会战全靠共产党。

中华民族站起来，世界冠军要咱当。

苏阿芒学外语

◎一日一钱，千日千钱，绳锯木断，水滴石穿。——班固

苏阿芒（1936—1990年），安徽石台人，原名苏承宗。他是中国的外语奇才，掌握了20多种外国语，1957年加入世界语协会，历任国际世界语博物馆馆员，国际世界语《世界文学》特约撰稿人，国际世界读者青年联合会中央委员，1979年开始任百花出版社编辑。1951年开始发表作品。1979年加入中国作家协会，并且广泛地向外国介绍中国的文化，对中外文化交流做出了重要的贡献。

在奥地利的首都维也纳，有一座国际世界语博物馆。过去，博物馆里一直没有中国人的塑像。20世纪60年代中期，这里增添了一尊中国人的塑像。这位中国人，20多岁，瘦瘦的脸庞，身穿简朴整洁的衣服，昂首凝视着远方。他就是苏阿芒。

其实，他的本名叫苏承宗，苏阿芒是他用世界语进行翻译和写作的笔名。来自各国的参观者，对他的作品给予了很高的评价。当他们了解到，这个年轻的中国人没有进过专门的学校学习，完全是靠自学掌握了世界语的时候，对他就更加钦佩了。

一个严寒的冬夜，刺骨的西北风拍打着苏阿芒那间小屋的门窗，屋里本来就没有生炉子，此刻就更冷了。

时针已经指向12时，苏阿芒却好像忘记了寒冷，忘记了时间，还伏在桌前学习外语。

　　从上中学起，苏阿芒就特别喜欢外语和文学。在外语中，他最喜欢世界语。因为用这种国际辅助语言，各国人民都能进行交流。

　　他多么希望能考入大学去深造啊！可是，由于各种原因，他连考几次大学都没有被录取。这是他在人生道路上受到的第一个沉重打击。

　　受到这样的打击，有的人灰心了、失望了、放弃学习了，可苏阿芒却没有这样做。他对朋友说："青春是宝贵的。我觉得，要为祖国作贡献，无论在什么样的情况下，都不应该虚度年华。"

　　苏阿芒决心自学外语。每天清晨，天刚蒙蒙亮，他就开始背外语单词；每天晚上，母亲再三催促，他还不肯休息。母亲毫无办法，对人说道："没办法，这孩子一拿起书，什么事都扔到脖子后边去了。"一位邻居也说："我们经常看到小苏一个人走在街上，边走边说，开始我们以为他有毛病，后来才知道他在念外语。"

　　有一对意大利侨民夫妇从青岛移居天津，苏阿芒听说以后，就去拜访这两位老人，请求他们教他学习意大利语。这对年迈的老夫妇高兴地收下了这个好学的学生。苏阿芒除了虚心听老师讲授外，还把自己读过的文艺作品用意大利语转述给老师听，请老师挑毛病。经过一年多的勤学苦练，苏阿芒能轻松自如地运用意大利文了。

　　一天夜里，苏阿芒正在翻译一首诗，突然他觉得眼睛胀得难以忍受，顿时眼前一片模糊，接着就什么也看不见了。

　　"啊！好疼……"

　　母亲闻声赶来，把他扶到床上躺下。

　　"孩子，你身体单薄，为什么不多歇歇呢？整天学那些洋文有什么用呢？"母亲难过地说。

　　"妈妈，学外语可有用处啦！"尽管眼疼难忍，可一提起外语来，苏阿芒就忘记了疼痛。"学会一门外语，就好比在自己脑子里又打开了一扇窗户。学好了外语，把我们祖国的文化介绍给世界人民，把外国的文化介绍到祖国来，这工

作多有意义啊！"望着眼睛患病还惦记着学习的儿子，母亲忍不住流下了眼泪。

经过检查，苏阿芒是由于过度疲劳，造成眼底血管破裂。经过医生的精心治疗，苏阿芒的眼病渐渐好转了。可是，病一好他就又开始没日没夜地苦读起来。

常言说得好：苦心人，天不负；有志者，事竟成。经过十多年的艰苦自学，苏阿芒不同程度地掌握了21种外语，其中英、法、德、俄、意和世界语，都达到了能看、能听、能说、能写的水平。

外语是一种工具，苏阿芒并不以掌握了这种工具为满足，而是运用这种工具进行翻译、写作，他要向全世界介绍我们伟大、可爱的祖国。

他用外文撰写了许多文章，向世界人民介绍屈原、杜甫、郑成功、詹天佑、聂耳等中华民族的杰出人物，介绍万里长城、龙门石窟、昭君墓等中国的名胜古迹。

他还把《白蛇传》、《刘三姐》、《梁山伯与祝英台》等美丽动人的民间故事用世界语写成长诗，发表在国外的文艺刊物上。

世界五大洲的近40个国家的报纸杂志刊登过苏阿芒的文章，通过他的作品，各国人民了解到了中国光辉灿烂的历史文化。

国外的报纸称赞他是"年轻的、天才的中国世界语诗人。"

1965年，在日本举行了全世界世界语赛诗会，苏阿芒应邀寄去了自己的一首诗。比赛结果，他荣获了优等奖。消息传来，苏阿芒万分激动。他想，这不是我个人的荣光，是祖国的荣誉！作为祖国的儿子，我还要为她赢得更大的荣誉。

大会决定发给他一笔奖金，他立即写信表示，将这笔奖金全部捐献给国际世界语协会亚非基金会。

由于苏阿芒享有很高的声望，他被国际世界语协会吸收为会员，被国际世界语博物馆聘请为馆员。瑞典的世界语杂志把苏阿芒的照刊登在封面上，照片的说明文字是："一颗新星在东方闪光。"

◎故事感悟

　　苏阿芒热爱外语，自学成才，时刻不放松，从来不气馁，他梦想着向世界介绍自己的祖国。由于过度疲劳，造成眼底血管破裂，可他还是坚持翻译文章，向世界介绍中国的灿烂文化。他的这种精神，值得青少年学习。

◎史海撷英

和平共处五项原则

　　周恩来总理于1953年底进一步提出了互相尊重主权和领土完整、互不侵犯、互不干涉内政、平等互利、和平共处五项原则，并在次年访问印度和缅甸时，同上述两国正式倡议将这五项原则作为国际关系的基本准则。为促进亚非国家的团结与合作，中国积极支持并参加了1955年4月在印度尼西亚万隆举行的亚非会议。到1956年，同中国建交的国家已有25个，为中国外交的进一步发展奠定了坚实的基础。

◎文苑拾萃

我爱你，中华

苏阿芒

　　世界上有很多美丽的地方，
　　它们常常引起我的幻想，
　　埃及古老的金字塔，
　　俄罗斯神秘的白夜，
　　塞纳河畔迷人的黄昏，
　　和挪威午夜的太阳，

但是，我最爱的只有你啊

——美丽的中华！

这首诗是苏阿芒所作，诗中跳跃着的是一颗滚烫的爱国心！

马家军为国争光

◎梦想的确立是与一个人的性格、志气密切相关的。性格刚烈、有远大志向的人易于确立远大的梦想，也易于取得成功。——格言

马俊仁（1944—），中国田径的传奇教练，率领的辽宁中长跑女队在1993年横扫世锦赛，夺得女子1500米、3000米和10000米三枚金牌，同年的七运会多人次打破1500米、3000米和10000米的世界纪录，书写了中国田径史上最辉煌的历史。先后培养出曲云霞、王军霞、董艳梅、姜波等一批世界级中长跑名将，其率领的辽宁中长跑女队一度被冠以"马家军"。

中国人有句古话，"3岁看大，7岁看老。"童年的马俊仁就异于同龄人。6岁时，父母按当地风俗为他订了"娃娃亲"，未谙人事的马俊仁却似乎有着天生的反叛精神与远大志向，他对父母说："我现在不想要媳妇。等我长大了，我要做将军！"

少年时期，马俊仁曾有过赶马车的经历。这一行当对于一个十来岁的孩子来说太苦太累了，而且还有危险。但马俊仁似乎过早地成熟了，他不仅未被压倒，反而从中获得了很大的乐趣。马俊仁特别喜欢烈马，他认为烈马虽然脾气暴躁，但干起活来肯定是好样儿的，关键是要驯服它。这一经历不能不说对马俊仁日后的成功有着潜移默化的影响。

梦想的确立有一个前提，即首先选定一个领域。在对这一领域有所了解之后，自然就会确立努力的方向。

马俊仁曾参军入伍，复员后面临着人生事业的重新抉择。他在部队时曾是养花高手，按理说应该选择园艺行业，但马俊仁割舍不下他对体育事业的

热爱。在部队里，马俊仁曾是军区军事五项全能标兵，与体育运动结下了不解之缘。因此，马俊仁把从事体育训练当成了自己的志愿，他来到鞍山一所中学担任了体育教师。

虽然仅仅是一名体育老师，但马俊仁却始终关心着中国体育运动的状况。20世纪70年代，由于各种因素的干扰，我国的体育运动水平在国际上总体来说是落后的。看到在重大的国际田径比赛中中国队往往连名次都排不上，他就想：在抗美援朝战场上，志愿军能把人高马大的美国兵打败，为什么在运动场上就比不过他们？他暗暗发誓，自己一定要培养出能拿世界冠军的运动员！从此马俊仁确立了自己的梦想。

梦想是远大志向的产物，但有时也是压力的产物。不利的环境往往能激发一个人的意志，也往往能使之丧失信心，而只有勇于抗争的人才能获得成功。

有一年，马俊仁率四名队员赴葡萄牙参加世界中学生3000米越野赛，途经巴黎时却遭到了不公正待遇，到达里斯本后又受到了冷落。一名比利时教练甚至对马俊仁说："你们中国小球行，大球和跑步根本不行。"马俊仁气愤极了，一夜未眠。次日，他把队员们集中在一起讲了一遍昨天的经历，最后说："今天，你们哪怕越过外国运动员一米，那也是胜利！"队员们的士气鼓足了，在比赛中如愤怒的旋风一样冲在前面，结果包揽了前四名。

同样，1992年世界田径锦标赛在斯图加特举行，"马家军"包揽了女子中长跑的三块金牌，震惊了整个国际田径界。西方国家的一些人开始心理不平衡了，散布了许多诸如"中国队服用兴奋剂"之类的谣言。在记者招待会上，面对着记者们明显带有敌意的询问，马俊仁思潮翻涌。他对记者们说道："我们不光能在世锦赛上拿金牌，回去还可以在我们北京的七运会上破世界纪录！"马俊仁又为自己定下了一个目标。

定下这样一个目标在许多人看来是马俊仁在吹牛，也把他自己逼到了绝路。但马俊仁心里有底，他相信自己训练方法的科学性，也相信队员们的实力。况且，以事实来说话难道不远胜于辩白么？果然，在1993年举行的七运会上，"马家军"主力王军霞将万米世界纪录缩短了近42秒，曲云霞打破了3000米的世界纪录。马俊仁的目标再一次实现了。

◎故事感悟

"马家军"这一称呼在20世纪响彻了中国大地。它给中国人带来了希望，带来了曙光。马俊仁带领他的队员打破了由外国人一直霸占的田径赛场，使五星红旗一次次飘扬在赛场上空，为中国人扬眉吐气啦！

◎史海撷英

"马俊仁时代"

1993年，斯图加特世界田径锦标赛，王军霞、曲云霞、刘冬分别获得10000米、3000米和1500米冠军，马家军开始被媒体关注。那年10月西班牙世界马拉松赛，马家军夺下团体冠军，一举包揽了女子前4名。国际体坛大惊："世界中长跑进入了一个新时代——马俊仁时代"。"第一代马家军"几乎个个是世界级高手，王军霞、曲云霞、刘冬分别有骄人的世界纪录在身。1997年，第二代"马家军"在八运会再显威风。

◎文苑拾萃

题书斋联

蒲松龄

有志者，事竟成，破釜沉舟，百二秦关终属楚；
苦心人，天不负，卧薪尝胆，三千越甲可吞吴。

单腿独臂远行人

◎惟有创造才是欢乐。——格言

孟辉（1952—　），辽宁营口人。号明辉居士。原为营口市一铝材厂小车司机，因车祸失去右臂和左腿，之后，以卖字画为生。他立志成为一名残疾人旅行家，从1993年开始，骑单车旅行，并于1997年获上海吉尼斯世界纪录。

云南丽江古城有个四方街，被纳西人称为"文化街"。在"文化街"，纳西族民居的店铺中新近开张了一家吉尼斯书斋，书斋的主人就是来自辽宁的孟辉。

某年6月初的一天，吉尼斯书斋门前，一个典型的东北大汉穿着黄色短袖运动服，用他那光秃秃的右臂绑着毫笔，运用自如地在一张宣纸上书写出俊秀、圆润的篆体书法，赢得了围观游客的阵阵喝彩。

孟辉于1985年因意外车祸失去了左腿和右臂，这对篮球运动员的他来说，不啻于晴天霹雳，他几乎失去了生存的信念。看着两个年幼的儿子，他不忍离开人世，是他的妻子——一位与他一样热爱篮球运动的女强者鼓励他、关爱他，使他又重新战胜了自我，树立了信心。

失去了劳动能力以后，孟辉遂以书法求生。不管是炎热酷暑，还是风雪寒冬，每天坚持练笔，付出的辛苦比常人多十倍、百倍。工夫不负有心人，经过几年的艰苦磨炼，他终于用断臂练成一手好书法，其作品被中国体育博物馆收藏，并得到中国书法家协会主席沈鹏的题词鼓励。

孟辉除练就一手好书法外，还是那么喜爱体育活动。虽然失去了左腿和右臂，但他仍坚持体育锻炼，他坚信"唯有创造才是欢乐"。为了报效自己的祖国和人民，1993年，他第一次千里单骑进北京申办奥运会，开始了他天涯独行的旅程。有了这一次的旅行经验，孟辉一发不可收拾，于1996年5月又告别亲人，离开营口，骑自行车经大连、山东、北京，然后从北京途经河北、安徽、江苏、上海、浙江、福建、广东，于1997年6月底到达深圳，迎接香港回归祖国。他的这番超越极限的壮举，经上海大世界吉尼斯总部核查，收入了吉尼斯世界纪录，成为世界上单腿独臂骑自行车行程最远的人。

1999年初，孟辉听说昆明举办世界园艺博览会，又第四次万里单骑，于5月1日赶去参加开幕式，并先后到了大理、丽江等地。孟辉被丽江古城的民风古韵和玉龙雪山的风光所倾倒，他计划在古城生活和工作一段时间，继续练习书法和写作，写下这里的山水人情。他受到纳西人的热情接待，并给他的生活和工作提供了帮助。

◎故事感悟

人残志不短，孟辉用他的行动向世人证明了，只要有志气，不怕吃苦，就一定能和正常人一样有自己精彩的世界。

◎史海撷英

中国参加的残奥会

中国从1984年6月首次组团参加了在美国纽约举行的第七届残奥会，之后参加了1988年、1992年、1996年、2000年的残奥会。北京残奥会已于2008年9月6日至9月17日举行。除马术比赛在香港举行，帆船比赛在青岛举行外，其余项目均在北京举行。中国队获得89枚金牌，居首位。

◎文苑拾萃

生于忧患，死于安乐

孟子

　　舜发于畎亩之中，傅说举于版筑之中，胶鬲举于鱼盐之中，管夷吾举于士，孙叔敖举于海，百里奚举于市。

　　故天将降大任于斯人也，必先苦其心志，劳其筋骨，饿其体肤，空乏其身，行拂乱其所为，所以动心忍性，曾益其所不能。

　　人恒过，然后能改；困于心，衡于虑，而后作；征于色，发于声，而后喻。入则无法家拂士，出则无敌国外患者，国恒亡。然后知生于忧患，而死于安乐也。

徐本禹岩洞支教

◎到需要帮助的地方去！——徐本禹

徐本禹（生卒年不详），山东聊城人。1999年考入华中农业大学，2003年考取本校经济管理专业硕士研究生。同年去贵州贫困山区支教，2005年回校就读。徐本禹多次获得党和人民给予的荣誉，2004年被贵州省毕节市评为"优秀共产党员"，2005获共青团中央中国青年志愿服务金奖，2006年被评为"湖北省三好学生标兵"，2007年获"中国青年五四奖章"，2008年，荣获中国第十八届"十大杰出青年"，第七届"中国十大杰出志愿者"、"改革开放30年山东十大青年楷模"。

1999年，徐本禹考上了华中农业大学。那年秋冬之交，天气很冷，他还只穿着一件单薄的军训服。一位同学的母亲送给了他两件衣服。第一次远离亲人，第一次远离家乡，第一次在外地得到好心人的帮助……让徐本禹永远不能忘怀。

2003年，徐本禹以高分考取了本校的硕士研究生。然而，2003年4月16日，徐本禹却决定放弃攻读研究生的机会，去岩洞小学支教。这让所有人大吃一惊……电话那头，听到这个消息的父亲哭了，用发颤的声音说："全家尊重你的选择，孩子，你去吧，我们没有意见……"

2001年，他读大三的时候，很偶然读到了一篇题为《当阳光洒进山洞里……》的文章："阳光洒进山洞，清脆的读书声响起，穿越杂乱的岩石，回荡在贵州大方县猫场镇这个名叫狗吊岩的地方。这里至今水电不通，全村只有一条泥泞的小道通往18公里外的镇子，1997年，这里有了自己的小学——

建在山上的岩洞里，五个年级146名学生，三个老师……"读着读着，徐本禹哭了，他第一次知道了贵州的狗吊岩。

读完这篇文章，徐本禹开始在学校为岩洞小学募捐，他号召大家和他一起利用暑假时间到贵州支教，他决定要用自己的方式帮助山洞里的孩子，"给孩子们带去一些希望"。

在学校和同学们的支持下，2002年暑假，徐本禹带着募捐来的三大箱子衣服、一口袋书和500元钱，第一次和几个同学坐上了开往贵州的火车。

徐本禹第二次来到狗吊岩村，与他同来的还有7名志愿者。后来由于水土不服等种种原因，志愿者一个又一个离开了。8月1日这天，最后一个志愿者也坐上了返回武汉的长途车，车窗内外，去送行的徐本禹同他无语对视。"如果感觉真的坚持不下去，就回学校吧，要不，你在这里自己开伙做饭也行，你这样也坚持不下去的。"同学的一番话让他对自己有些担心。

徐本禹住的小房间里很少见到阳光，这个小空间是他学习、备课、生活的地方，一张比较大的桌子上摆满了书籍，地上摆放着生活用品和好心人捐的物品，原本狭小的房间变得更加狭小。原来不吃辣椒的徐本禹到了这里之后，每天都要吃辣椒，而且这里的卫生条件很差，苍蝇到处乱飞，在吃饭的时候经常发现苍蝇在里面。"当地情况就是这样，刚开始很恶心。我对自己说，就当没看见罢了。饿的时候，一顿可以吃三碗玉米饭。只有吃饱了，身体才能有保障，才能在这里支教下去。"

徐本禹在这里一周要上6天课，每天上课时间达8个小时。他自己负责五年级一个班，除了教语文、数学外，还要教英语、体育、音乐等。由于信息闭塞，学生不了解外面的任何东西。学生写一篇200多字的文章有20多个错别字是很正常的现象。"刚开始上课的时候，我问全班40名学生中有多少人听说过雷锋的名字，结果只有4个人知道；全班没有一个人听说过焦裕禄；只有一个学生听说过孔繁森，我心中有一种钻心的痛，我不知道对这些孩子应该从什么地方教起。"

2004年4月，徐本禹回到母校华中农业大学并作了一场报告。谁也没料到，他在台上讲的第一句话是："我很孤独，很寂寞，内心十分痛苦，有几次在深夜醒来，泪水打湿了枕头，我坚持不住了……"本以为会听到激昂的豪言壮语的学生们惊呆了，沉默了。许多人的眼泪夺眶而出。

报告会后，他又返回了狗吊岩村，依然每天沿着那崎岖的山路去给孩子们上课。

◎故事感悟

　　到艰苦的地方去，到祖国需要的地方去，徐本禹这样做了。这时他已经考上了硕士生，但他毫不犹豫地放弃了，他把知识和温暖带给了大山里的孩子们，他让阳光洒进了山洞里。

◎史海撷英

徐本禹非洲支教

　　徐本禹硕士研究生毕业后，又毅然决定去非洲津巴布韦支教。在他的行李箱里，除了简单的衣物外，更多的是书本和学习用品，当然也有大量胃药，胃病是在贵州支教时落下的。

　　临行前，他到导师家道别。他对导师说："读研阶段，一直忙于公益事业，所以今天向老师道歉。"

　　老师鼓励他说："无论是做公益事业还是做学问，目的都是推动社会进步。"

　　徐本禹打算在津巴布韦除推广汉语之外，还利用自己所学专业在当地搞系列调研。

　　是金子无论在什么地方都会发光的，相信徐本禹的道路会越走越宽广。

◎文苑拾萃

经师易遇，人师难遭

　　"经师易遇，人师难遭"比喻能够传授知识的老师多得很，能够育人的老师就不多了。

此典出自晋代袁宏《汉纪·郭泰传》："经师易获，人师难得。"

东汉末年，有个大学者名叫郭泰，他道德品质都十分高尚。一天，他看见一个十二三岁的童子正在给他打扫书房，那童子长得眉清目秀，而且举止有礼。于是他就问那个童子说："你叫什么名字？几时来的？"那童子彬彬有礼地答道："我叫魏昭，是这两天才由府上总管收下来的仆人，分派我给您做清洁工。"郭泰问："你认识字、读过书吗？"魏昭说："读了一点。"于是郭泰拿起一本较容易的书考问他，觉得这孩子不但聪明，而且很有学问。郭泰说："你有这么好的素质，应该继续学习啊，来这里做仆人岂不是浪费青春吗？"魏昭说："我是专门投到你府上来的，因为我听说'经师易遇，人师难遭'，所以想到你身边来，学习怎样做人啊！"郭泰听了，深深地被这孩子积极进取的行为感动，于是收魏昭做自己的学生，尽心竭力地教育培养他。魏昭后来成为一个德才兼备的学者。

"经师"：教书的教师；"人师"：育人的老师。

ZHONGHUACHUANTONGMEIDEBAIZIJING
中华传统美德百字经

坚·坚韧顽强

第五篇

闪闪的红星传万代

拄着拐杖到陕北

◎世界无难事，只畏有心人。有心之人，即立志之坚
者也，志坚则不畏事之不成。——任弼时

钟赤兵（1914—1975年），原名钟志禄，湖南省平江县城关镇人。1929年加入中国共产主义青年团。1930年加入中国共产党，同年参加中国工农红军。土地革命战争时期，任红三军团第五军三师宣传员、连政治委员、师军需处政治委员，第四师十二团总支部书记、团政治处主任、团政治委员，第五师政治部主任、政治委员，军委后方政治部主任，后方梯队政治委员，陕北省苏维埃政府军事部部长，军委一局局长。参加了长征。他因战斗失去了一条腿，被誉为"独腿将军"。解放战争时期，任北满军区政治部主任、东北民主联军后勤部部长兼政治委员、第四野战军特种兵部队炮兵纵队政治委员。中华人民共和国成立后，任中央军委民航局局长、中国人民解放军防空部队政治委员、总后勤部营房管理部部长、贵州省军区司令员、中国人民解放军武装力量监察部副部长，广州军区副司令员，国防科委副主任。1955年被授予中将军衔。是第三、第四届全国人民代表大会代表，中国人民政治协商会议第一、第二届全国委员会委员。

红军第五次反"围剿"失败后，被迫长征。1935年1月，党中央在长征路上召开了"遵义会议"，确立了毛泽东的领导地位。2月，毛泽东和中央军委决定二渡赤水，先夺取娄山关，再回攻遵义城。中央军委把攻占娄山关的任务交给了红三军团；红三军团则命令十二团和十三团为先锋团。钟赤兵此时担任十二团政委。

1930年，受尽老板打骂、虐待的织布厂学徒、16岁的钟赤兵离开家乡，参加了红军。同年由共青团员转为共产党员。他参加了第一、二、三、四、

五次反"围剿"，作战勇敢，多次受伤，17岁就当上了连队指导员，18岁担任红三军团四师十二团政委。

在指挥夺取娄山关的战斗中，随三营行动的钟赤兵左腿负了重伤。二营教导员谢振华闻讯，立即带领五连、六连前去救援。只见钟赤兵躺在路旁草地上，一位参谋和一位警卫员正在为他包扎伤口。由于失血过多，钟赤兵已处于半昏迷状态。战士们把他抬下了火线。整个战斗持续了两个多小时，红军全歼守敌两个团，夺取了娄山关，乘胜向遵义进军。

红军第二次占领了遵义，钟赤兵在城里做手术把负伤的腿锯掉了。部队还要继续长征，而钟赤兵的伤短期内又好不了。是留在群众家里养伤呢，还是跟部队走？钟赤兵对前去看望他的军团首长坚定地表示："我坚决要求跟着部队走，爬，我也要跟上部队。无论如何，我决不离开红军队伍。"

长征不仅仅是长途跋涉，还要边走边打，要爬雪山、过草地，同时既缺医少药，又缺衣少粮。即使身体健康的人挺过去也十分不易，而钟赤兵刚刚锯掉一条腿，他要挺过去就更加艰难了。起初，走平路时，战友们用担架抬着他走；遇到悬崖峭壁，担架抬不过去，他就拄着棍，一颠一跛地前进。每迈动一步，伤口便剧烈地疼痛，脸上豆大的汗珠直往下掉。有时实在难以拄棍通过，他就在地上爬着走。后来，当他的伤口稍有好转时，他就让战友把他扶上马，骑着马走。

部队进入彝族、藏族地区时，当地的反动武装不断打冷枪袭击红军，部队行军要求隐蔽和疏散。钟赤兵为了战友的安全，为了缩小行动目标，坚决不坐担架，硬是咬着牙坚持一个人拄着拐杖步行。红军经过腊子口时，他的伤口又发炎了，发起了高烧。可是当他得知另外一个同志也在发高烧时，便毅然地把照顾自己的担架让给了那位发高烧的同志，自己拄着根棍子走路。

就这样，钟赤兵实现了自己的决心和诺言，拄着棍子走到了陕北。

◎故事感悟

面对长征途中的种种艰难困苦，钟赤兵没有丝毫畏惧，拄着拐杖走完漫漫长

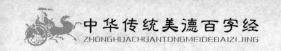
征路。环境造就人，更造就强者。坚定的信念就会产生坚韧的毅力，坚韧的毅力就能克服看似不可能跨越的艰难险阻。老一辈的革命者给我们树立了光辉的榜样。

◎史海撷英

中国抗日战争

从1937年7月7日的"卢沟桥事变"开始，由日本帝国入侵中国引发的战争，主战场在中国大陆，两国军队鏖战八年，至1945年9月2日，以中国的胜利而告终。中国的抗日战争是世界反法西斯战争的重要组成部分，抗日战争的胜利对世界反法西斯战争的胜利做出了不可磨灭的历史贡献。

抗日战争是自鸦片战争以来中国人民第一次获得完全胜利的反侵略战争，洗雪了中华民族的百年耻辱，是中华民族由衰败到振兴的转折点，为中国新民主主义革命的胜利奠定了基础。中国战场是反日本法西斯侵略的重要战场之一。

抗日战争也是遭受疯狂的掠夺与蹂躏的奋起之战。

◎文苑拾萃

长征

冯建吴

弹雨枪林马不前，一桥飞渡箭难弦。

身肩民族存亡责，写得光辉历史篇。

红军翻越玉龙雪山

◎夫有其志必成其事，盖烈士之所洵也。——曹操

> 刘群先（1907—1942年），无锡刘潭桥黄岸头村人。1934年10月参加长征，历任红一方面军妇女队队长、干部休养连工作组组长。到陕北后继任全国总工会女工部长。后去苏联治病，在苏联卫国战争中牺牲。

1936年春，红二军团五师在乌蒙山地区回旋转战以后，又紧急西进。他们横跨富民、兵川、鹤庆，直奔丽江，指战员紧张、艰苦，同时又激奋地指挥着行军作战，接着从石鼓、巨甸渡过金沙江后，就到达了海拔5500多米的玉龙山下。

玉龙山脉群峰连绵，雪片纷飞，整个山脉就像一条晶莹蜿蜒的玉龙。这时，前面有人唱起了快板："攀玉龙，翻玉龙，红军个个是英雄！同志们，努力爬，北上抗日把敌杀！"

大家正奋力爬着，突然传来消息说前面有敌情。紧接着前面就响起了步枪、机枪声。大家都在聚精会神地注视着前面。不一会儿，又传来一个令人悲喜交加的消息：阻击我们前进的匪徒被先头部队打垮了；使人悲痛的是，好几名同志在这次战斗中受伤和牺牲了。其中十二团参谋长高利国在率领先遣骑兵分队歼灭匪徒冲到山腰时，被敌人的滚木礌石击中而壮烈牺牲了。

消息传来，大家心情十分沉痛。高利国是二军团一位有名的战将。他在长征途中沉着勇敢，机智灵活，指挥有方，打了好多漂亮仗，立下战功。一个排长悲愤地高声讲道："同志们，我们要化悲痛为力量，要以高利国参谋长

为榜样，学习先烈为革命不怕流血牺牲的精神，征服面前的这座大雪山！"排长的话音一落，大家紧了紧腰间的小包袱，整理了一下身上的着装，一个紧跟一个向玉龙山上爬去。

路，越走越窄；云，越来越低；雾，渐渐地遮挡了红军战士的视线。为了防止迷路和掉队，后面的同志踩着前面同志的脚印往前爬。当爬到危险地段的时候，排长站在一旁，高声提醒大家："这里积雪很深，行走时要特别小心！据先头部队说，有个挑担子的同志，被一阵风刮倒，不小心被冰雪埋葬了。我们必须从雪里走出一条路来。一定要注意安全。"大家听了排长的话，精神更加振奋，精力更加集中，互相照顾，个个跟得更紧，脚步踩得更稳。爬到雪山风口时，虽时值夏季，但阴冷的寒风却一阵阵向队伍袭来。大家穿上所有的衣服，披上绒毯，也无济于事，纷纷打着寒颤，就是喝几口辣椒水也止不住地哆嗦。远处的山峰，近处的断崖，都笼罩在一片云雾中。前面部队刚踩出的脚印，不一会儿就变得模糊了。雪一会儿齐脚，一会儿齐腿肚。窜到裤腿里的雪，马上化成凉水，裤腿下半截冻得梆硬。腿脚磨破了，鲜血直流，穿着草鞋的脚板冻得钻心地疼，真是令人难以忍受。往山下看去，长龙似的队伍，被沉沉的云雾一截截切断。

只能攀登，不能停留！同志们互相勉励着。

只能向前，不能回头！大家互相告诫着。

越往上爬，空气越稀薄，高山反应越大，脑袋好像胀了好几倍，两眼冒着金花，就像好多萤火虫在眼前乱飞，胸口好像压着块大石头，嗓子干得要命，嘴唇也很难抿上。两条腿重千斤，每迈一步都要费好大力气，但谁也不敢停下来休息一下。大家都知道，我们是党领导的红军，有坚定的革命意志，有乐观的革命精神，有手足般的同志友情，严寒、危险、疼痛、疲倦都威胁不住英雄的红军战士。路越来越难走，积雪越来越深，气温越来越低。部队在深雪里艰难地、谨慎地向前行进着，终于在当天下午3点左右到达了玉龙山顶。回首远眺，横接天际、起伏绵延的大雪山，终于被红军战士踩在了脚下。

进入雪山以来，部队没吃过一顿饱饭，没睡过一夜好觉，每夜都有同志因冻、饿、病、累而站不起来。每当晨曦初露，大家准备新的行军，迎接新的考验的时候，第一件事便是向那些已经长眠在征途上的同志挥泪告别。每当翻过一座山，黄昏时燃起一堆篝火的时候，他们预感到，今夜可能又有亲爱的战友在此地与大家永别。队伍继续向前行进着，大家默默地铭记着烈士们的名字，一步一步地继续走在万里长征的路上。

◎故事感悟

战士们以坚强的意志、坚韧的毅力和顽强的精神，战胜严寒、危险、疼痛、疲倦等重重困难，终于翻越了玉龙山，走向了胜利。

◎史海撷英

红军长征途中的第六次会师

红军在长征途中有七次会师。1935年11月19日，红军二、六军团主力17000多人在贺龙、任弼时等同志率领下自湖南桑植出发，开始战略转移，在湘中、汀黔边、滇北一带开展游击战争。1936年3月，张国焘和朱德联名电令二、六军团渡金沙江北上。4月，二、六军团分两路北上，六军团为右路，6月6日，先头部队第十六师与前来接应的红四方面军先头部队在川西理化以南会师；二军团为左路，6月30日进抵甘孜以西绒坝岔路与四方面军三十军八十八师会师。7月2日，二、六军团同红军总司令部和四方面军在四川甘孜胜利会师，奉命编为红军第二方面军。这是红军长征途中的第六次会师。

◎文苑拾萃

长征纪事

陈宇

当年旗竖井冈山，朱毛星火势燎原。

铁锤锻铸南中国，镰刀挥裁半边天。

正是赤焰翻腾日，王明左倾误路线。

六路分兵垒对垒，最愤广昌收场战。

五次围剿难破敌，被迫转移胆未寒。

大军虎跃出瑞金，雨浇火把燃林间。

勇突五岭四重围，血浴宜章奋危艰。

枪折弹尽用棍棒，木断石绝以牙拳。

血祭湘江刀卷刃，出征未捷兵减半。

月冷霜重夜朦胧，乌蒙路遥苗岭远。

三天三夜过戈壁

◎心不清则无以见道，志不确则无以立功。——林逋

李天焕（1912—1986年），1912年7月生，湖北省黄安（今红安）县叶河乡大山岗村人。1935年3月参加红四方面军长征。1936年11月至1937年3月任红军西路军第三十军政治部主任。1937年5月经游击转战去新疆。同年秋回到延安。全国抗日战争时期，1938年冬任八路军冀中军区第十支队（第四军分区）政治部主任、党委委员。1940年秋任晋察冀军区第五分区政治委员兼政治部主任、第五地委常务委员。1941年至1943年任晋察冀边区政府公安局局长、党组委员。1943年冬任晋察冀军区政治部组织部部长、党委副书记。参加了百团大战和反"扫荡"斗争。

三大红军主力会师后，党中央组织了西路军西征，力图打通新疆去往苏联的通道。红军西征遭到国民党马家军的疯狂进攻，最终失败。被打散的红军小股部队奉命前往新疆星星峡集中。

夜渐渐深了，气温骤然变得冷起来。西路军红三十军政治部主任李天焕和干部战士一样拖着沉重的脚步向西北行进。茫茫戈壁，月光朦胧。队伍静悄悄的，只有鞋子踩踏石子的声音，仿佛大家都在想心事。

忽然李主任听到一个战士和带路的老向导攀谈。他问老大爷，这片戈壁滩这么大，明天能不能走出去。老向导耸耸肩膀，告诉这个战士，走出这片戈壁滩，到达星星峡，不要说两条腿，就是骑着马走，也得六天时间。

另一个战士却信心十足地说红军都是飞毛腿，顶多走三天。

老向导还是对自己的估计很有把握，他决定和战士们打赌。

下半夜，这支红军部队确信已甩掉了追击的敌人，便停下来休息。大家拔了些红荆、骆驼刺之类的柴草，又摸索着拣了点牛粪，烤起火来。战士们围着火堆，烤烤前胸，烤烤后背，然后干嚼几口炒青稞，便挤在一起睡了。

过了两三个小时，天亮了，部队继续前进。太阳升起来，气温也随之直线上升。从严寒到酷热，中间只隔几个小时。战士们都热得满脸涨红、汗流浃背，渴得鼻子里、嘴里直冒火。可是，在这茫茫的戈壁滩上，哪里能找到一滴水呢？口渴似乎比肚饿更加难耐，许多战士脚步迟缓，头昏脑胀，掉在了后面。一些疲弱不堪的战马，偶尔溺一点尿，都被用喝水的缸子接着，送给实在支持不住的战士喝。但是马像人一样，由于缺水，这时也没尿了。

老向导是戈壁滩上长大的，耐渴，开始他还能支持得住，但午后他也有些支持不住了。这时很多战士浑身发烧，说不出话来，有的勉强说出一个字来，那就是"水"，这些同志已经十分危险了。老向导提议杀马，但有的战士反对，有个快渴死的战士还爬起来，指指马摆摆手。战士们对战马的这种感情是可以理解的。战马从西渡黄河就与战士们一起行军、作战，同样经历了千辛万苦，今天已瘦成了骨头架子，怎么能忍心杀掉呢？老向导发了火，他说："人要紧，还是马要紧？老百姓盼着红军回来，红军不爱惜自己行吗？有人还愁弄不到马吗！"李天焕主任和其他部队首长考虑了当时的情况，决定将几匹瘦马杀掉，取出血来，抢救那些渴得快要死掉的战士。马血确实拯救了这些战士，使他们又鼓起了精神，跟着部队继续前进了。

戈壁滩真不是人待的地方，它白天热得像鏊子，晚上又冷得像冰窖。然而我们的红军战士就在这大戈壁滩上走了三天三夜。这时，前面出现了一个山冈，几个侦察员回来报告说，那个山冈下有水。这个消息使这支红军部队欣喜若狂。大家三步并做两步地向山冈奔去。果然，在山脚下有一个水坑。战士们一拥而上，有的跪着、有的趴着，痛痛快快地喝起来，直喝得肚子像西瓜似的。战马也都挣脱了缰绳跑到水边痛饮。

战士们喝足了水，顿时精神倍增，信心十足，什么都不怕了，就是走到天边也得见到中央代表！李天焕主任想起那天夜里老向导和战士打赌的事，走到老向导身边拍拍他的肩膀说："老同志，你和我们的战士打赌赢了吗？"

老向导挑起大拇指，笑得翘着麦芒似的胡子说："我认输，我认输，六天的路，你们只走了三天，前边就是进入新疆的关口星星峡了。"

我们的红军战士们就是这样走出了戈壁，奔向了星星峡。

◎故事感悟

红军三天三夜过戈壁，就算即将渴死的时候也不放弃。前方有绝路，希望在拐角。只有坚持下去就能到达有光辉的彼岸。

◎文苑拾萃

《悲壮的历程》

程世才著。春风文艺出版社 1959 年出版。

本书是原红军西路军将领程世才将军的回忆录。作者通过自己的亲身经历讲述了西路军西征途中与凶残的马家军英勇战斗的可歌可泣的事迹和西征失败后克服千难万险重回延安的经过。

饿不倒的钢铁战士

◎振衣千仞岗，濯足万里流。——左思

> 杨靖宇（1905—1940年），中国无产阶级革命家，著名抗日民族英雄，鄂豫皖苏区及其红军的创始人之一，东北抗日联军的主要领导人之一。在抗日战争中壮烈牺牲，被评为100位为新中国成立做出突出贡献的英雄模范之一。

1940年1月的一天，东北抗日联军第六军第一师师长陈绍滨带领100多个干部战士，在宝清县一带的森林中突破了日军的残酷"扫荡"以后，奉命翻过小兴安岭，远征到金沟——灰宝沟一带的抗日根据地，去接受新任务。

大森林中风雪弥漫，整个天地都在呜呜地呼号，气温在零下30多度，敌情又特别紧张。部队最大的困难是没有粮食，他们已经饿着肚子走了两天了，而这次远征的路程超过2000里，要经过小兴安岭和原始森林，计划要走27天才能到达目的地。然而，空着肚子怎么能完成这次远征呢！陈师长和政治部张主任苦思着对策。听说这附近隐居着过去旧军队的一个牛营长，陈师长带了些战士去找他借粮。几经周折，好不容易找到了牛营长。牛营长在言谈中深为共产党领导的这支人民军队的抗日精神所感动，当即把仅有的900斤苞米全卖给了他们。陈师长以下每人分了8斤，虽然这还不够所需的一半，但同志们还是万分感动，精神抖擞地出发了。

白天，大家顶着风雪在树林中穿插前进，夜晚把地上的积雪扫一扫，生起几堆火，大家就围着火堆睡在地上。张主任往往在这时候借着火光给同志们缝补衣服，或督促别人把衣服破的地方补一补。头两天走得很顺利，虽然摆脱不了寒冷，但可以吃到热的东西。队伍很快就走到林子边缘了，要突破日军的封锁线才能进入另一片森林。由于抗联的同志对地形不熟，一下子走到了敌人的防区，跟敌人遭遇了。由于事出突然，敌人也没有准备，抗联的同志们连续两次冲锋打跑了敌人。陈师长命令队伍马上转移。这时大家突然发现张主任胸负重伤躺在地上。几个同志背起张主任，队伍急行军撤到几公里外的一个密林里。这时，张主任醒过来，望着大家说："我不行了……把我的毛大衣脱下去，给别的同志穿上……同志们坚持吧……革命……会成功的……"话没说完，他就闭上了眼睛。陈师长泪如雨下，战士们也都抽泣起来。张主任是党中央派来的老红军干部，平时常给大家讲革命道理，讲红军长征的故事，要求大家坚定地走红军的道路，坚持抗日到底。同志们打开他遗下的挎包，里边装的全是针线、破布头、纽扣等，平日一有空就帮同志们缝补衣服。多么可敬可爱的一个老红军啊！大家决心坚决走下去，多打鬼子，为张主任报仇。

队伍又向前走了10天，粮食早就吃光了。大家原以为可以边走边打野味充饥，谁知走了这么长的路连一根兽毛也没碰见。没办法，先是干部把自己的皮包和皮带拿出来给大家煮着吃了；随后，又有人把鞋子上的靰鞡脱下来，和着树皮吃了。靰鞡皮里有一种硝，吃了之后，大家的脸都浮肿起来，眼睛肿成一条缝，体质弱的同志病倒了，加上又冷又累，使好几个同志再也起不来了。剩下的同志靠啃树皮又走了两天，有些同志的两腿开始发抖，眼前发黑，可是谁也不敢坐下休息，因为一坐下很可能就起不来了。同志们心里默念着："前进！前进！……"谁也不叫苦叫累，更没有人打退堂鼓。陈师长走在队伍最前头，使劲儿用饿得发颤的声音鼓励大家："同志们！我们是共产党领导的部队，不能等着饿死，没有办法也要想办法，没有出路也要找到出路……"他还说："只要还有一口气，就要坚持走下去！万一饿得倒下了，我们谁也不后悔，我们是为了抗日，为了民族解放而光荣献身的……"

陈师长的鼓励，激励着大家一歪一晃地又向前走了100多里。眼看大多数同志饿得实在走不动了，陈师长突然喊着："同志们，快来看呀！"大家向他手指的地方一看：一串马蹄印清晰可见，蹄印里有稀稀拉拉掉下来的几个大米粒。大家顺着蹄印，向前寻找，翻过一座山丘，突然看到雪地上有一条踩得发亮的小路，路旁放着两袋子大米。饿极了的同志们抓起生米就嚼，同时分析着大米的来路。后来看到了一群穿白大褂、上有红十字标记的妇女，问清楚是抗联第三军后勤部医院的同志，大家欢呼起来："到啦，我们到了目的地啦！"

这群饿不倒的铁汉子迅速汇入新的铁流，担负起新的使命……

◎故事感悟

为了民族的解放，只要还有一口气，就要坚持下去。这就是抗日战士的信念，他们以顽强的毅力战胜艰难险阻，为抗战的胜利谱写了可歌可泣的英雄赞歌。

◎史海撷英

淞沪会战

1935年，中共中央发表《八一宣言》，号召全民族结成广泛的抗日统一战线，准备全面抗战。东北的党组织和党领导的人民革命军立即响应，积极筹组东北抗日联军。1936年2月，由中共驻共产国际代表团拟定了《东北抗日联军统一军队建制宣言》，决定将党所领导的东北抗日部队一律改为东北抗日联军，并吸收其他抗日武装参加这一联合军队组织，扩大抗日统一战线。东北抗日联军（简称东北抗联）是在中国共产党领导下的一支英雄部队。它的前身是东北抗日义勇军余部、东北抗日游击队和东北人民革命军。

淞沪会战，是1937年8月13日至11月12日中国军队抗击侵华日军进攻上海的战役，又称作"'八一三'淞沪战役"。这场战役是中国抗日战争中的第一场重要战役，也是整个抗日战争中进行的规模最大、战斗最惨烈的一场战役。这场战役标志着抗日战争全面开始。

淞沪会战自1937年8月13日晨爆发，日军以日租界和黄浦江上的军舰为基地向闸北一带进行炮击，我军奋起还击开始，至11月12日我军西撤结束。这次战役，日军狂妄地宣称一个月内占领上海，我国先由冯玉祥，后由蒋中正（兼）任第三战区司令长官指挥，先后调集中央部队，广东、广西、湖南、四川、贵州、云南等地部队和税警总团，中央军校教导总队，以及部分省市保安总队，总计兵力约70万余人，奋勇迎战。

淞沪会战挫败了日军中央突破、速战速决的战略意图，粉碎了他们三个月灭亡中国的美梦，是我国从局部抗战转向全面抗战的历史转折点。

◎文苑拾萃

滨江抒怀

赵一曼

誓志为人不为家，涉江渡海走天涯。
男儿岂是全都好，女子缘何分外差？
未惜头颅新故国，甘将热血沃中华。
白山黑水除敌寇，笑看旌旗红似花。

东北抗联远赴苏联

◎要想不经过艰难曲折，不付出极大努力，总是一帆风顺，
容易得到成功，这种想法，只是幻想。——毛泽东

李兆麟（1910—1946年），中共北满省委主要领导人之一、东北抗日联军创建人，100位为新中国成立做出突出贡献的英雄模范之一。"九·一八"事变后，毅然投笔从戎，参加东北抗日联军。曾任中共满洲省委军委负责人，珠河反日游击队副队长、哈东支队政委、东北抗日联军第六军代理政治部主任、第三军政治部主任、北满抗日联军总政治部主任和东北抗日联军第三路军总指挥等职。抗日战争胜利后，他担任滨江省副省长、哈尔滨中苏友好协会会长等职。为建立和平、民主、富强的新中国，同国民党反动派进行了针锋相对的斗争，后惨遭国民党反动派特务分子杀害。

中国抗日战争的第一枪，实际是在中国东北打响的。这里也打完了抗日战争的最后一枪，历时15年，是中国历时最长的抗日战场，也是世界反法西斯东方主战场上最艰苦的抗战地区之一。

1939年冬季，东北抗日战场面临着一个重要的转折关头。在近10万日本关东军的军事讨伐和"困死饿死"的经济封锁的双重围剿下，东北抗日联军绝大多数的根据地已经丧失，部队也从原来的3万多人锐减到2000人。这2000人马是东北抗联历经十年苦战幸存下来的最后一支力量，也是继续点燃东北抗日烽火的宝贵火种。而如何保存这些部队，继续坚持战斗，并等待时机东山再起，已经成为当时抗联三路大军领导人考虑的首要问题。在无法打通与关内八路军的联系，也难以继续在高山密林中生存的情况下，他们不约而同的想到了一江之隔的苏联。

　　东北抗日联军各支队最先转移的是伤病员、女战士和后勤人员。而转移的路同样是一条艰险的征战之路。日本对苏联边境封闭得特别严，他们转移的时候是冬天，白天不敢走，只能黑夜走，但他们始终没有放弃抗日的信念，每个人都立志坚持到底。他们多次被日军包围，由于多年征战，缺少医药，很多战士身上的伤口严重感染，不能行走。虽然很多战士倒下了，但东北抗联军并没有溃散，幸存下来的战士们继承他们的抗日遗志，一直战斗到1945年东北光复。

　　为了继续坚持战斗，并等待时机东山再起，经过两年的艰苦转移，到1942年7月，从东北抗联三路大军改编的九个支队共1000多人分数十批先后进入苏联境内，分别建立了两个野营地进行休整和集训，一个是北野营，另一个是远东符拉迪沃斯托克双城子附近的南野营，两个野营地之间相距500多公里。1942年8月1日，身处异国的抗联部队为了便于统一训练和管理，将分别住在南、北野营地的全部抗联战士集中到了北野营。由于是在苏联整训，抗联战士没有合法的身份，行动十分不便。根据共产国际的决定，东北抗日联军按照苏军的编制整编，内部仍称东北抗日联军教导旅，但对外称为苏联红旗军独立步兵第八十八旅。全旅共1000多人，其中还有一小部分苏联军官，所以又被称为"国际旅"。

　　转移是为了更有效地坚持战斗，抗联各支队在转移时都为日后的反攻做了周密的部署，从部队中挑选出一批斗争经验丰富的得力骨干，执行潜伏任务，以配合未来的大反攻。

　　1941年初，在苏联远东军区军官视察团的督导下，东北抗日联军各支队组织了一次战术对抗演习。苏军索尔根少将在演习总结中评价：东北抗日联军战士是中国人民的优秀儿女，为打败日本侵略者，刻苦地进行了军事训练。

　　正当抗联第十军在九十五顶子山继续开展抗日游击活动的时候，身处异国野营地的抗联将士也在渴望着早日重返故乡，踏上与日本关东军战斗的黑土地。

　　不久，根据抗联教导旅不断返回国内袭扰敌人的战斗部署，王明贵率领他的三支部队的100多名官兵踏上了朝思暮想的东北土地。

◎故事感悟

　　在最困难的时候，东北抗日联军并没有放弃对日本侵略者的战斗。他们在冬天的黑夜里奋力抵抗着日军的封锁，分批来到了苏联，在苏联为早日重返故乡而奋战倭寇，继续整编训练。他们是中华的优秀儿女，是一支英雄的队伍。

◎史海撷英

东北抗日联军

　　东北抗日联军是在中国共产党领导下的一支英雄部队。它的前身是东北抗日义勇军余部、东北反日游击队和东北人民革命军。它是20世纪三四十年代中国人民抵抗日本帝国主义侵略的伟大民族解放战争的重要组成部分，在中国的革命史上有不可磨灭的伟大功绩。在日本侵略者的大后方，他们14年的艰苦斗争牵制了数十万日伪正规军，有力地支援了全国的抗日战争。他们可歌可泣、英勇无畏的牺牲精神，是中华民族争取独立宁死不屈精神的集中体现。

◎文苑拾萃

露营之歌

李兆麟

　　铁岭绝岩，林木丛生，暴雨狂风，荒原水畔战马鸣。围火齐团结，普照满天红。同志们，锐志哪怕松江晚浪生！起来呀！果敢冲锋，逐日寇，复东北，天破晓，光华万丈涌。浓荫蔽天，野雾弥漫，湿云低暗，足溃汗滴气喘难。烟火冲空起，蚊吮血透衫。兄弟们！镜泊瀑泉唤醒午梦酣。携手吧！共赴国难，振长缨，缚强奴，山河变，片刻熄烽烟。荒田遍野，白露横天，野火熊熊，敌垒频惊马不前。草枯金风疾，霜沾火不燃，战士们，热忱踏破兴安万重山。奋斗啊！重任在肩，突封锁，破重围，光至，黑暗一扫光。朔风怒吼，大雪飞扬，征马踟蹰，冷风侵入夜难眠。火烤胸前暖，风吹背后寒。壮士们！精诚奋发横扫嫩江原。伟志兮！何能消减，全民族，各阶级，团结起，夺回我河山。

琼岛上的"原始人"

◎无冥冥之志者，无昭昭之明；无惛惛之事者，无赫
赫之功。——荀况

　　国民党反动派为了消灭中国工农红军琼崖独立师，集中了超过红军数10倍的兵力，重重包围了琼崖独立师的根据地——五指山东面的母瑞山，漫山遍野的敌军向山上进军，明媚的海南岛被战争拖进了火与血的狂涛里。为了保存革命力量，琼崖独立师师长王文宇带领主力突围了，留下师政委冯白驹率领中共琼崖特委机关和两个警卫排共100多人在母瑞山上坚持游击斗争。

　　几经血战，这100多人只剩下26人了，但他们仍在敌人疯狂的"搜剿"下坚持斗争。

　　虽然敌人的"搜剿"紧迫，但红军都有办法对付。可是，饥饿、疾病和自然灾害却严重威胁着这支刚强的队伍。粮食越来越少，开始他们每人每天能分到一个拳头大的饭团，后来饭团变成每人一椰壳稀饭，稀饭又变成锅巴煮的清汤。战士们端起清汤，能清楚地照见自己的影子，人人瘦成皮包骨头，面色灰暗。

　　大家行动起来找吃的，凡是能进嘴的，他们都要尝尝，苦的、酸的、涩的、麻的，能下肚的实在不多。敌人没搜山时，同志们就分散到山沟里去摸鱼虾，捞青苔和浮萍；爬到树上采野果、掏鸟窝、找鸟蛋、捉小鸟；采蘑菇、摘木耳、挖野笋等等。同志们说他们简直个个成了神农，把历史倒退了五千年，重新开始过原始人的生活了。

　　尝遍百草后，有的同志发现一种半尺多高、形状极像蚕豆的野菜，茎软叶嫩，比较好吃。同志们每天采它，顿顿吃它。

长期吃这些没有油没有盐的野菜怎么受得了？有的人拉肚子，有的人打摆子，大部分人患了夜盲症，几个女同志都得了妇女病。可恼的疾病比敌人还残酷凶恶。当时，冯政委算是唯一一个比较健康的人了，他整日带着病轻的同志给重病号找食物、觅草药。

俗话说，屋漏偏逢连阴雨。秋天来了，海南岛的台风既多且大，每当飓风刮来，漫山雨雾，山洪推走岩石，沟涧汇成激流。瀑布突然从头上来，砂石滚滚，根本就没有人避身的地方。同志们自己盖的茅草棚一下子就被冲得无影无踪，大家只好紧紧抱在一起，挺立在狂风暴雨里。风雨过后，他大家再用芭蕉叶搭棚子。

秋去冬来，敌人的"搜剿"却丝毫不见放松。同志们在饥寒交迫中坚持战斗，身上的衣服成了破布条条。大部分人的肩膀露在外面，有的光着屁股。个个身上冻得发青发紫，却根本什么办法都没有。只有像万年前我们的老祖先那样，摘树叶剥树皮，披在身上。男同志披的树皮像古代骑士的盔甲；女同志穿起名副其实的"百叶裙"，走动起来好像是一群穿山甲。

后来冯政委让大家笼起火来，把芭蕉叶子烤热了当被子盖。两片叶子就能盖严一个人，上下热乎乎，左右冷飕飕。偏偏在最冷的日子里，同志们保存的火柴用光了，火种也被雨淋熄了。什么办法都没有了，同志们就想起了老祖先——燧人氏钻木取火。天不绝人，总算从树木上钻出火来了。从此，保存火种也成了这支队伍的重要任务。有谁能想得到呢？在20世纪40年代，在开化最早的中国，在椰子肥豆蔻香的宝岛上，竟有26个红军官兵，为了坚持人民的革命斗争，过着人类最原始的艰苦生活。

但是艰苦的日子并没有把他们吓倒。越艰苦，同志们团结得越亲密。他们什么也不怕，想方设法把生活安排得有意思。每天上午是学习，由冯政委负责给大家系统地讲中国革命问题；下午有时采野菜，有时讲故事，由符明经同志负责。黄昏以后，是大家的文娱活动时间，环境允许时，大家吹笛击碗，载歌载舞，一直乐到深夜。

这支队伍就在这样的情况下，在母瑞山坚持斗争了一年之久，才冲破敌人的包围圈，转移到琼山地区。

◎故事感悟

有希望的地方，生命便能欣欣向荣！在100多人的红军队伍只剩下26人的时候，还继续坚持斗争，在饥寒交迫中坚持了一年之久。他们坚韧顽强的斗志，勇战困难的精神是后人在理想奋斗中的精神财富。

◎史海撷英

冯白驹组织抗战

抗日战争全面爆发后，长期坚持海南武装斗争的冯白驹同志对他领导下的抗日武装进行了精心的培训，使这支武装的军政素质和作战能力不断提高，成为海南人民抗战最前线的一面红旗。

1939年日军侵入海南岛，冯白驹在琼山县潭口指挥了抗日游击队阻击日军的战斗，打响了琼崖抗战的第一枪。不久部队扩编为广东省琼崖抗日游击队独立总队，冯白驹任总队长。他率领部队开展独立自主的敌后抗日战争，取得了琼山罗刘桥、罗板铺伏击战，海口长林桥袭击战，那大围攻击战等战斗的胜利。先后开辟了琼文、美合、白沙等根据地，还挫败了日军和伪军的多次"扫荡"。为中国人民的抗日救国事业作出了卓越贡献。

"皮旅"中原突围

◎沧海可填山可移，男儿志气当如斯。——刘过

皮定均（1914—1976年），安徽省金寨县人，中国人民解放军的杰出将领、军事家。1928年参加了中国共产主义青年团，任英山县童子团团长。1929年参加中国工农红军，1931年加入中国共产党，参加了长征。抗战时期曾任八路军太行军区第五、第七军分区司令员，豫西抗日独立支队司令员。解放战争时期率领中原军区第一纵队第一旅突围中原，创下了世界军事史上的奇迹，为中国人民的解放事业作出了不朽的贡献。新中国成立后任中国人民解放军第二十四军军长兼政委，1955年被授予中将军衔，并担任福建、福州军区副司令员，兰州、福州军区司令员等职。

　　1946年6月24日下午3点多钟，一项特别使命落到了"皮旅"——皮定均率领的中原军区一旅指战员的肩头。据可靠情报，国民党40余万大军将从6月26日起"围歼"中原部队。为了粉碎敌人的突袭，上级决定"皮旅"留在原地抗击敌人的"总攻击"，掩护中原军区6万多主力部队在敌人动手之前悄悄跳出敌人重围。这招奇妙的险棋在"皮旅"的巧妙佯动下得以圆满实施。"皮旅"创造性地完成了使命，可是自身的处境也更加险恶了。敌人误把"皮旅"当主力，像数十万条疯狗一样猛扑上来，部队经过连续几昼夜的血战，疲累程度可以想见。

　　如何让全旅保存下来，也胜利突出重围？旅长皮定均和政委徐子荣在旅党委会上重申了"能苦必胜"的口号，号召全旅同志继续发扬吃大苦、耐大劳的精神，出敌不意向东突围，以便把敌人重兵更多地向东引，进一步减轻

西主力的压力。这样做风险之大，"皮旅"的指战员心里都很清楚。但他们为了顾全大局，不管作出多大牺牲也在所不惜。

为了迷惑敌人，"皮旅"突围时又绕了很大的圈子，撤到刘家冲的密林里。这里紧靠两条公路的交叉口，恰巧是在敌人几路大军的眼皮子底下，敌人蛮以为这里不会隐藏共军的大部队。为了不暴露目标，全旅露宿在丛林里，不起火做饭，不抽烟，只吃些生米充饥，头上淋雨，脚下水浸，个个被雨泡得像个落汤鸡，许多同志冻得面色发白。但是，同志们全都咬着牙关忍受着，始终保持着肃静。后来，"皮旅"利用敌人行军纵队的间隙，神速地进入敌人后方，跳到了小界岭南面，突破了敌人的第一道防线，飞兵东进。

通过连续四昼夜的山地急行军，"皮旅"突然进占了高达1800百米的大牛山。同志们实在是疲劳已极，正想择地稍作休息，不料碰上了敌人的伏兵。皮旅长当机立断，命令曾被豫西人民称作"老虎团"的一团冲上山去消灭敌人的伏兵。刚刚经过长途行军，没有吃饭、没有休息的一团官兵，累得走路都摇晃了，可是一听说有战斗任务，个个精神陡增，什么疲劳、饥饿、病痛都被抛到九霄云外去了，唯一的念头是全歼敌人！

·他们冲进密林，飞上山岗，一霎间，枪炮声、喊杀声如巨雷滚动在山谷里。前后不到两个钟头，就把当面之敌收拾了，控制了山上的制高点。全旅同志沿着这条撕开的血路抢越大牛山。

正在这时，天气骤变，闷雷在头顶滚动，狂风卷来了倾盆大雨，打得人睁不开眼。山上没有路，只有嶙峋怪石和绊脚的蓬草，脚下是万丈深渊，只要一不小心，就将粉身碎骨。然而，久经锻炼的"皮旅"官兵毫无惧色，不慌不忙地翻过了大牛山。

翻过大牛山后，"皮旅"突围的困难仍然有增无减。部队疲劳不用说，粮食也已吃完，山地行军，携带的草鞋早已磨烂了。而且又是梅雨季节，长途跋涉，这些草鞋怎经得住水泡石磨啊！许多同志的脚板血泡累累，腿肿脚烂；加上孤军挺进，敌情、地形、道路都不熟悉，困难确实是无法想象的。但是，再大的困难也挡不住"皮旅"挺进的步伐。

7月16日晚，"皮旅"进至离合肥只有10多公里的一片坟地里，为了让侦察队探明敌情，部队原地休息。虽然是夜晚，又是在田野里，暑热却没有消散，空气像是凝固了似的，身旁瓜地里的西瓜长得非常大，滚圆圆的遍地都是，随时可摘。但是，没有一个人动群众一个西瓜，他们宁愿喝田沟里的脏水解渴。他们的行动使当地的老乡一看就知道是共产党领导的队伍来了，当地地下党的同志主动来跟"皮旅"接上了头。

当"皮旅"突破最后一关——从三界附近冲过津浦铁路时，全旅同志的军帽大多破烂不堪，露出蓬草似的长发，他们把树叶顶在头上，遮遮强烈的阳光。他们身上的衣服不只是衣衫褴褛，简直是衣不蔽体了：有的没有袖子，有的缺了下摆，有的把长裤撕成了短裤，有的把破衣片一层又一层地裹在脚上，一双脚就像是两只巨大的布锤子，上面凝满了血渍和污泥。他们人人眼窝深陷，眼珠布满了血丝，面孔又瘦又黑，许多人走着走着就闭着眼睛睡起来，一个不留神就掉进水田里……

他们就是这样连续奔袭24天，不仅粉碎了国民党1000多里的围追堵截，还调动了几十万敌人跟着向东瞎转，出色地掩护了主力向西突围成功，而且有效地保存了自己，胜利地到达了华中军区。

◎故事感悟

皮定均同志为我军高级指挥员，为中国人民的解放战争，他率领一支部队转战南北，立下了赫赫战功。让我们永远记住那些为了今天的美好生活而流血牺牲的英雄们吧！

◎史海撷英

中原突围

中原解放区是新四军在抗日战争中在鄂、豫、皖、湘、赣五省交界地区创建的敌后抗日根据地。在日本投降前，已有武装部队6万余人，根据地扩展到60余县。抗日战争胜利后，蒋介石为抢夺胜利果实和部署内战兵力，调集20多个师将中原解放军团团包围，并将中原军区包围在方圆不足百里的狭长地带。中原军区遵照中央军委指示，为了保存力量，争取主动，除以一部分武装坚持游击战争，牵制敌人外，其余主力均向东突围。1946年7月下旬，终于突围成功，胜地地完成了战略转移任务，从战略上有力地配合了其他解放区的作战。

◎文苑拾萃

声东击西

　　语出西汉刘安《淮南子·兵略训》："用兵之道，示之以柔而迎之以刚，示之以弱而乘之以强，为之歙而应之以张，将欲西而示之以东，先牾而后合，前冥而后明。若鬼之无迹，若水之无创。故所乡非所之也，所见非所谋也。举措动静，莫能识也。"大意是：用兵的法则，对敌人先做出软弱的姿态，然后以坚强的力量去迎击它；对敌人先做出弱小的姿态，然后以强大的力量去打击它；将要扩张，先装作收缩；将要向西，先装作向东。总之，先要故意采取与自己意图相反的行动去欺骗敌人，而后才按照真实的意图来行动；先要隐匿自己的意图，使敌人摸不清情况，然后才以果敢明确的行动去打击敌人。这样的方法好像鬼一般的无影无形，水一样的无痕无迹。所以我所指的方向并非自己所要行动的方向，我所表现的形象并非自己真实的意图。这样，自己的一举一动敌人就无法测知了。

　　又见于唐代杜佑《通典·兵典六》："声言击东，其实击西。"意思是说：作战时表面宣扬攻击这边，实际上则攻击那边。

　　释义：
　　声：宣称。声东击西：佯攻东方，实击西方。用以迷惑敌人，造成敌人的错觉，使其举措不当，然后给以不意的攻击，是军事上出奇制胜的一种战术。

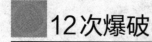

12次爆破

◎以身许国，何事不敢为？！——岳飞

1947年夏季，部队决定攻打国民党盘踞的战略要地——四平。李广正所在第四野战军某部一连，担负四平攻坚战的主攻任务。

战斗刚打响，八班长就负了重伤，副班长李广正代理班长职务，率全班战士向四平街里猛插进去。冲到法院大街，敌人密集的炮火挡住了他们的去路。

炮火是从一座长近300米的大红楼上射出来的。红楼位于十字路口，是全城的制高点，敌以一个团的兵力把守。楼前布了一道道铁丝网，修了一个个碉堡，挖了一条条壕沟。大楼四面上百个窗户，都成了发射孔，楼顶还架着大炮。

这时，传来上级命令：一连在拂晓前必须炸掉大红楼！

天黑下来了。团首长直接指挥强大的火力掩护，李广正带领八班的战士每人抱着几十斤重的炸药包，在黑夜中向红楼前进。李广正冲在最前面。他们迅速越过壕沟，突破铁丝网，安全地冲到了大红楼下。

他们迅速选定了爆破点实施爆破。"轰隆"一声，大楼钢筋混凝土的墙面只开了一个小窟窿。第二次第三次爆破，小窟窿才扩大了一点点。

这时，楼里的敌人发现了他们，重机枪封锁了被炸开的洞口。李广正迅速迂回到一堵残垣后面，一口气甩出几枚手榴弹，把敌人的机枪炸成了哑巴。

洞口终于被炸开了，部队冲进红楼，歼灭了一楼的敌人。但由于楼道狭窄，部队无法突破敌人的火力封锁攻上二楼。为了减少伤亡，已攻入一楼的部队又退出了大红楼。

必须实施新的爆破。李广正总结了前几次爆破的经验教训，提出了实施大爆破的方案。连首长批准了他的方案，并把二班配属给八班，由他统一指挥完成这次任务。

李广正带领11名战士，每人背负着二三十公斤重的炸药包向红楼摸去，掩护的炮火猛烈地向红楼的敌人射击。红楼前硝烟弥漫，敌人看不清爆破组的行踪，错误地判断李广正他们还在扩展原来的突破口，于是集中火力拼命地向突破口射击。乘此机会，李广正带着爆破组摸到红楼锅炉房侧面，选定了一个新的爆破点，他们把炸药包一个一个垒起来，插上了导火索。李广正把引爆绳紧紧攥在手中，高喊一声"撤！"战士们撤了下去。李广正刚离开炸药20来米，还没脱离危险区域，为防意外，他毅然决然地拉响了导火索。

"轰隆隆！"天崩地裂般的巨响，李广正被巨大的气浪推倒在地，碎石、土块劈头盖脸而下，钢盔被砸扁了，大半截身子埋进了碎石堆里，他被震昏了过去。

当李广正苏醒过来时，发现敌人在红楼里的机枪还在射击。他挣扎着爬出废墟堆，返回阵地，对指导员说："只要八班还有一个人，就一定完成爆破任务！"

他带着爆破组又一次冲向红楼，进行又一次爆破。红楼被炸塌了一半，楼里的敌人军心动摇，乱作一团。李广正带着八班趁势冲进了红楼，生擒了敌军副团长。

◎故事感悟

只要八班还有一个人，就一定完成爆破任务！李广正靠着这种信念，带着爆破组进行了12次爆破，炸开了红楼，为战斗取得胜利铺平了道路。

◎史海撷英

淮海战役

淮海战役是解放战争时期中国人民解放军华东、中原野战军在以徐州为中心，东起海州，西至商丘，北起临城（今枣庄市薛城），南达淮河的广大地区，对国民党军进行的第二个战略性进攻战役。淮海战役也是三大战役中解放军牺牲最多、歼敌数量最多、政治影响最大、战争样式最复杂的战役。自1948年11月6日至1949年1月10日，历时66天。淮海战役是解放军在兵力装备都不占优势的情况下同国民党重兵集团展开的决定性的战略决战，最后以解放军的全面胜利而告终。淮海战役后，人民解放军无论在数量、士气和装备上均优于国民党反动派政府的残余军事力量。淮海战役是一场真正的人民战争，淮海战役的胜利也真正是属于人民的胜利。

◎文苑拾萃

《亮剑》

　　《亮剑》是战争艺术和传奇色彩相结合的一部小说，作者都梁，军人出身。故事讲述优秀将领李云龙富有传奇色彩的一生。这部小说，爱国精神与英雄主义、铁血丹心与人世常情、斗智与斗勇、友情与爱情交相辉映。"面对强大的敌手，明知不敌也要毅然亮剑。即使倒下，也要成为一座山，一道岭。"——这句话就是李云龙将军一生的写照。现在这部小说已被拍成30集电视连续剧。而"亮剑"也已然成为优秀品质，一种亮剑精神。在《亮剑》中就有对淮海战役的描写。

沈善宝逆境中坚韧顽强

◎任重而道远，重担子须是硬脊梁汉方担得。——程颢、程颐

沈善宝（1808—1862年），字湘佩，钱塘（今浙江杭州）人。江西义宁州判沈学琳之女，咸丰时吏部郎中武凌云继室，陈文述弟子。沈氏幼秉家学，工于诗词，著述甚丰，有《鸿雪楼诗选初集》《鸿雪楼词》及《名媛诗话》传世。沈善宝一生游走南北，广结各方才媛，尤其是通过《名媛诗话》的编撰，奠定了她在清道咸年间女性文坛上的领袖地位。

沈善宝的父亲沈学琳曾任江西义宁州判，她随父宦游，早年受到良好教育，"工诗善画"，尤擅填词，在当地颇有名气。

12岁那年，父年被同僚攻讦，官场失意郁郁而死，善宝一家老弱流滞，陷入困境。4年之后，赖继父资助，始得奉母扶亡父灵柩返回钱塘（今杭州）故里。谁知祸不单行，返乡不久母亲吴浣素、弟弟善熙、妹妹兰仙又相继去世。善宝只得流落四方，"鬻诗画度日"。

接踵而至的变故和凄苦的身世并没有把这位少女压垮，相反更加磨砺了她的节操和毅力。善宝在艰难贫困的环境中写诗作画之余，坚持勤学苦读，诗画水平日益精进；而且居然"久之积资"，得以操持将父母安葬，为此博得时人称誉。后来，善宝嫁山西太原知府武凌云为继妻，境遇才得到改善。

沈善宝著有《鸿雪楼初集》四卷传世，1924年沈敏元据道光十六年（1836年）刻本排印时又补入外集一卷。善宝青少年时期的坎坷经历，使她广泛接触社会底层，洞悉清廷的腐败黑暗，备尝男尊女卑和世态人情的辛酸炎凉。她

的作品迥异于一般贵妇闺秀流连于风花雪月，而是带有强烈的时代气息，洋溢着激昂悲愤的炽热感情和深厚的爱国情怀。鸦片战争期间，她和挚友张襀英合写的一首《念奴娇》，突出体现了她词作的风格。道光二十二年（1842年）夏日的一天，沈善宝过访澹菊轩，澹菊轩的女主人张襀英也是颇有诗名的文学家，著有《澹菊轩初稿》和《国朝列女诗略》，两人唱和往返，意气相投。当时，英国侵略军已经相继攻陷绍兴、乍浦。就在一个月前，因投降派两江总督牛鉴和吴淞东炮台指挥官临阵逃脱，致使困守吴淞的老将陈化成血战殉国，英军炮舰又进而指向上海、镇江。值此危难时刻，两位爱国女诗人纵谈时局，"论夷务未平，养痛成患，相对扼腕"。襀英出示新作《念奴娇》。

前半阙：

良辰易误，尽风风雨雨送将春去。兰蕙忍教摧折尽，剩有漫空飞絮。塞雁惊弦，蜀鹃啼血，总是伤心处。已悲衰谢，那堪再听鼙鼓！

善宝读毕，挥笔续足后半阙：

闻说照海妖氛，沿江毒雾，战舰横瓜步；铜炮铁轮虽猛捷，岂少水师强弩？壮士冲冠，书生投笔，谈笑平夷虏妙高台畔，蛾眉曾佐神武。

张词细腻，流露了忧虑、伤感的情调；沈词雄壮，满腔激情倾泻无余。虽然词出两人之手，却气势贯穿，浑然一体，抒发了两位女诗人的爱国襟怀。

沈善宝对封建礼教压抑摧残女子才华和妇女无权、社会地位低下的状况深感不满。她的作品表达了对男尊女卑制度的仇恨和抗争。当她读到小说《镜花缘》描绘的女儿国，女子文才武略处处胜过须眉，欣喜地赞叹道："胸中块垒消全尽，羡蛾眉有志俱伸，千古兰闺吐气！"善宝还有感于"闺秀之学，与文士不同；而闺秀之传，又较文士不易。盖文士自幼即肄习经史，旁及诗赋。有父兄教诲，师友讨论。闺秀则既无文士之师承，又不能专司诗文，故非聪慧绝伦者，万不能诗。生于名门巨族，遇父兄师友知诗者，传扬尚易。

倘生于蓬筚，嫁于村俗，则湮没无闻者，不知凡几"，于是"不辞撷拾搜辑"，自清初词气浑灏、多经济大篇的"武林闺秀之冠"顾若璞，迄于同时代被誉为"女中清照"的满族词人顾太清，凡闺秀名作，包括断句零章、遗闻韵事，都荟萃成集，编为《名媛诗话》12卷。该书为保存妇女的诗词作品，研究她们的创作活动，提供了宝贵的资料。1913年西泠印社排印顾太清《东海渔歌》词集时，即曾从沈著《闺秀词话》中录出五首佚词补遗传世。善宝蔑视"女子无才便是德"的封建说教，以诗画会友，广泛交游，受到女界仰慕。据徐永孝《女子慷慨集》记载，为了倡导妇女填词赋诗，她还接收了"女弟子百余人"。她的《名媛诗话》就是由宗康、俞德秀、完颜佛芸保等受业门生经手校刊的。

◎故事感悟

沈善宝在父母弟妹相续亡故、极其艰难悲苦的境遇下，敢于向封建妇礼挑战，以顽强的毅力勤学苦读，"鬻诗画度日"，自强自立，终于从逆境中崛起，成为中国近代史上第一位有影响的爱国女诗人；而且作为促使妇女觉醒、反叛封建礼教的斗士，她在普及、发展妇女文学，保存祖国文化遗产方面也作出了有益的贡献。

◎史海撷英

文学交游

沈善宝一生的行迹与文学交游，以其30岁为界分前后两期，其前期的行迹与文学交游基本上沈是出入于江南才媛及男性友人、长辈之间，此时期的诗词创作汇编为《鸿雪楼诗初集》（四卷本）与《鸿雪楼词》，在其赴京前夕相继完稿，成为其前期文学创作成就的总结。北行入都后，沈善宝的文学交游除了延续与同样随宦京师的江南才媛的关系外，还结识了各地（赴京及在京）的才媛，尤其是出身清朝贵族的才媛如顾太清（1799—1876年）等。沈善宝后期的诗词创作结集于15卷本的《鸿雪楼诗初集》。

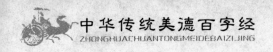
◎文苑拾萃

夜过塘栖

沈善宝

挂席塘栖路，离乡第一程。

凉风吹袂薄，孤月向人明。

镫火高堂梦，烟波旅客情。

吟成谁与和，村析正三更。

张渭良爬回部队

◎自古奇人伟士，不屈折于忧患，则不足以成其
　学。——方孝孺

张渭良（1923—　），江苏嘉定（今属上海市）人。1951年参加中国人民志愿军，后任班长。1952年4月30日在完成奇袭任务的归途中，为抢救伤员触发地雷，全身六处负伤，左腿股骨被炸断。在与部队失去联系后，坚持爬行，历时十天九夜返回部队。同年被中国人民志愿军总部授予二级战斗英雄、坚强战士的称号，立一等功，并获朝鲜民主主义人民共和国二级战士荣誉勋章。1956年复员回乡。后在嘉定县民政局工作。

志愿军某部战士张渭良，在保卫开城的战斗中身负六处大伤，人站不起来，只能在地上爬动。部队当时没有条件把他抬走，又奉命立即去执行新的紧急任务。他对首长和同志们说："你们走吧！只要有一口气，我就会爬回来。"

他把枪交给战友带走，衣袋里面的笔记本和家信上面有部队的番号和连首长上课的记录，这些东西不能落在敌人手里，于是，他一页一页地将其撕碎塞到嘴里嚼成了纸团。

昏迷一阵之后，张渭良忽然又醒过来了。

他觉得浑身发痛，左腿上负伤的地方痛得更厉害。他皱了皱眉头，竭力不发出叫声。他想从左边裤袋里掏出毛巾，用力一抽，却抽出来一根打断了的两寸长的股骨。他看见那根带血的骨头，心都紧了，但马上又忍住痛把它塞回去，用毛巾把伤口包起来。"我不会完蛋，我要活着回去，我一定要活着

回去。"他开始考虑怎样爬回阵地。为了不让敌人发觉，必须在晚上爬。

到了晚上，他脸朝着天，仰起身子在爬。他用两只肘拐和一条完好的右腿支着身子，头朝前，脚在后慢慢地向前移动，半个背和半边屁股在地上擦着。两颗手榴弹放在胸膛的两边，爬一步就把它们向前移一下。地并不是平坦的，除了石子，还有野花、野草、树根和折断的树枝……这一切使他爬起来更感困难，但是他已经爬过一个夜晚，爬过50米了。

突然，他的头碰到了铁丝，他感到紧张。他没有带剪刀来，只有从底下钻过来。他试了两次，脸上被划伤了。他在铁丝网跟前爬来爬去，始终绕不过去。最后他决定还是从网底下钻过去。他慢慢地把网底下的草弄干净了，又用先前拾来的树枝去拨铁丝，弄了好一阵，总算拿树枝把铁丝网撑起来，他慢慢地往前爬，棉衣被网上的铁刺挂住了，费了不少的气力，才挣脱了铁刺爬过去。

爬过了铁丝网，已经是下半夜了。这时他觉得口渴，感到饿，伤口像被火烧着似的痛得厉害，他就抓一把草塞到嘴里，嚼上一阵，吞不下去，又吐出来了。

白天，阳光烤着他的皮肤，刺痛着他的眼睛。他想着自己的任务，再也睡不着了。

又熬过了一天，夜晚来到了，他继续往前爬去，谁知一条河挡在了面前。其实这只是一条小河沟，不到两三米宽，水也不深。要是在平日，他一个箭步就跳过去了。他把头挨到水面，又马上缩回来。他把右手在水里搅一下，没法摸到河床。就是这样的简单动作，也费了他很大的力气。他忍住痛用手在草地上摸索。他摸到自己带在身边的树枝，忽然露出了笑容。他顺着河岸爬来爬去，花了不少的时间找到了一根三米长的松树枝。他又爬了许久，居然又拖回来同样长的两根粗树枝。他紧张地爬来爬去，一直折腾到半夜，终于把三根树枝都架在小河上面。他慢慢地爬过去，小心地把头和身体、还有受伤的左腿放在并排架着的树枝上面，而右手和右腿放在水里。左手捏着小木棒，当做撑船的竹竿使用右手和右腿在水里一曲一伸，头也慢慢地在树枝上面擦着向前移动。他一寸一寸地向前爬行，终于爬过了河。

　　这天晚上，爬得实在累了，正打算休息，右手无意间碰到了一根很细的铜丝。他吃了一惊，知道碰到了地雷。他用最大的努力沿着地雷线慢慢儿绕着爬行。他爬来爬去，爬了许久，始终没有爬出敌人的布雷区。他爬不动了，躺在细铜丝旁边。耳朵里一直在响。"难道我就死在这里？难道我就让这个小小的东西制服了？"他睁大眼睛望着天空。月亮和星星都很亮。"同志们怎么想我呢？如果我不回去他们会以为我被鬼子抓去了。不行！我绝不让敌人抓我当俘虏！"他侧着头把细铜丝放在嘴里，用尽气力咬断了，然后顺着铜丝慢慢儿摸到地雷跟前，另外的两根铜丝也咬断了。他又扭下了撞针，取下了雷管。接着又照样地起了另一个雷。

　　天开始发白。他仔细一看，前面地雷还多着呢！右边地雷也不少。他只好向左面爬。他爬了三四米的光景，到了一块稻田，田里积了两寸来深的水。他立刻爬下去，侧着身子靠着田堤，躺在那里迎接第六天早晨的太阳。

　　左腿上包扎伤口的纱布棉花已经浸透了血和脓，再粘上尘土和砂泥，像是一张抹布。血和脓水还不断地从那里流到外面来，好些苍蝇集在四周争吃这些脏东西。连伤口里生的蛆也开始爬到外面来了。他从旁边的矮树上折了一根带叶的枝干，拿来赶苍蝇。赶了两三次以后，他索性把伤口上的纱布解开来。一股臭味扑上他的鼻端。他看见伤口，溃烂的肉、脓和血混在一块儿，成团的小蛆在那个洞孔里蠕动。他找了一根细小的树枝，把伤口里的小蛆一团一团地挑出来。

　　他又爬过一个夜晚，第十天早晨的阳光在抚摸着他的黑瘦的脸，他慢慢地把眼睛移向那个山头看。就是那个熟悉的地方，同志们一定在那里等他。他越想越激动，觉得全身发热，气力逐渐在恢复。他突然坐起来，脱下身上那件又破又脏的棉衣，把白布里子向着自己的阵地，他看见自己阵地上没有一点儿动静，便解下伤口上的白毛巾，挥舞了一阵。他又把白毛巾放在一根树枝上，把树枝插在身边。他躺在地上，两只眼睛望着自己的阵地手轻轻地摆动着树枝。

　　那天黎明前，张渭良离开了部队后，当晚连首长就派担架员到敌人的阵地上去找他，没有找到他。此后，又多次寻找，一直没见他的踪迹。

同志们都记着他的那句话："只要有一口气，我就会爬回来。"虽然这些天一直没有得到他的一点儿消息，可是谁都不肯放弃希望，大家都相信他一定活着，一定会回来。

到了第十天，郭宝祥教导员又一次跑到阵地前头去观察。他看见了远远地有一样白色的东西在慢慢地摇动，大约有两百多米的距离。郭教导员用望远镜一看，人和毛巾都看到了。

"对，是他，一定是他回来了！"郭教导员高兴地对指导员说，并把望远镜递给指导员，吩咐派一副担架去把他抬回来。

到了傍晚，副排长带着两个战士和一副担架把他接了回来。

"我总算回来了。"从昏迷中醒来后，他就只说了这一句话。他的声音低得几乎叫人听不清楚。当时，他躺在山坡下的一个小土坎上，头底下枕着两颗手榴弹。脸瘦得失了人相，除了烂鼻子、烂嘴唇外，还有一对失神的眼睛。两肘磨得血淋淋，一身都是血。左腿和左胸的伤口还在流脓出血，可是他却望着副排长高兴地微笑了。回到连队里，他知道自己的枪已带回来，放心地吐了一口气："我的武器一件也没丢失。"

◎故事感悟

张渭良，一名坚强的解放军战士，一位真正的男子汉。战争的残酷使他负了伤，但他有个坚定的信念：我是一名解放军战士，爬也要爬回部队。就是这个信念使他支撑了下去，使他活着回到了部队。从他身上我们知道了什么叫钢铁战士，什么叫最可敬的人。

◎史海撷英

抗美援朝

1950年10月，中国人民志愿军赴朝作战，抗美援朝战争开始。抗美援朝是中国人民支援朝鲜人民抗击美国侵略的群众性运动。在抗美援朝战争中，志愿军得到了解放军全军和全中国人民的全力支持，得到了以苏联为首的社会主义阵营的配合。1953年7月，战争双方签订《朝鲜停战协定》，从此抗美援朝战争胜利结束。1958年，志愿军全部撤回中国。

◎文苑拾萃

《毛岸英在朝鲜战场上》

　　《毛岸英在朝鲜战场上》作者为武立金，笔名苏北。武立金1952年生于兵家必争之地涂州。武立金毕业于南京外语学院，是吉林大学研究生。1969年武立金在珍宝岛之战的感召下应证入伍，1975年至1978年在中国人民志愿军代表团工作，曾荣获金日成颁发的军功章一枚，现为天津市政协委员、中国作家协会天津分会会员、中国纪实文学研究会理事。武立金性喜藏书、读书、写书。他写过散文、诗歌、纪实文学，编过词典。武立金的主要作品有《毛泽东遇险实录》、《毛泽东诗词与他的夫人》、《险难中的邓小平》、《数文化鉴赏词典》、《东北亚地名名典》等。《毛岸英在朝鲜战场上》描写了毛岸英的故事。

历尽艰辛的"菩萨兵"

◎安危不贰其志，险易不革其心。——魏征

　　"菩萨兵"是西藏翻身农奴对解放西藏的解放军的尊称。说起当年"菩萨兵"进军西藏的过程，其艰险的程度，一点儿也不亚于当年红军爬雪山过草地。这里只说部队抢占恩达时发生的故事。

　　那是1950年9月，为了阻挠解放军和平解放西藏，一些帝国主义国家支持西藏反动派积极扩军备战，将其主力部队摆在昌都一线，企图与我军进藏部队决一死战。为了把敌主力部队全歼于昌都地区，防止敌人向西逃跑，我军进藏部队必须千里奔袭，先敌抢占战略要地恩达，切断昌都之敌的退路。而敌人闻讯也派兵向恩达地区行动。于是，一场比速度比意志的较量开始了。奉命抢占恩达的部队于9月1日从眉山出发，沿着当年红军长征走过的道路，翻二郎山，过大渡河，突破金沙江，一路昼夜兼程。同志们以无比顽强的毅力，忍受着连续行军带来的极度疲劳，不断地钻山谷、趟冰河、攀悬崖、踏险峰，克服着令人难以想象的一系列困难。尤其是雪山行军，道路越来越难走，有时完全是在半空中攀越，头上是千仞峭壁，脚下是万丈深渊。气候恶劣、空气稀薄、白雪皑皑，高原强烈的光线射在雪地上像白剑一样刺伤着战士们的眼睛。这是谁也没有预料到的困难！几乎有一半干部战士因此而暂时失明，一个个双眼红肿，疼痛异常。但谁也不叫苦，大家把绑腿布连结起来，一串串地牵着，互相鼓励着，继续往前攀越。涉渡冰河时，更是艰苦。湍急的水流冲击着冰块，像锋利的刀刃划破了人们的皮肉。有的战士因腿伤不愈，加上急行军和恶劣的气候，整条腿都坏死了，被迫截肢。

　　饥饿的威胁也越来越严重。从玉树补充的粮食很快就吃完了。在重庆定做的高级营养食品和代食粉因资本家偷工减料而被大大打了折扣，一天的定量还不够吃一顿，有的还发霉变质，不能食用。部队严重缺粮，加上沿途又是茫茫雪山，没有野菜和草根可食，处境十分危险。为了充饥，有的战士撕吃自己棉衣中的棉花，吃粉状的细土，吃骨头和牛角烧成的灰烬，许多人因此痛苦得扭曲成一团，牺牲于荒野。一五六团团长王立峰率领轻装营抢占小乌拉时，部队两天两夜没有吃上饭，王团长也只吃了一个萝卜，但他仍坚持指挥部队作战。

　　最惨的是随军的战马和驮畜。这些无言的"战友"眼望着无尽的群山目光暗淡，有的连眼睛也没有——被冰雹打瞎了。饿急了，它们就"咔嚓咔嚓"啃食冰雪。夜间，饥寒乏力的马儿头拱进战士的帐篷，把低垂的头颅贴到战士的胸部。战士醒来，把自己所剩无几的口粮喂它一把，抱着它的头流下了热泪。马匹不断倒毙。几百里路倒下的牲畜成了无意中设置的路标。饥饿的人们硬着心肠吃着因饥饿而死的牲畜。马倒一匹吃一匹，吃了马血、马肉还要吃马皮，连马骨也烧成灰烬咽到肚子里。

　　就是在这样的条件下，部队的干部战士仍然以日行170华里的惊人速度先敌4小时抢占了恩达，切断了昌都藏军的西退之路，在战略上占据了主动地位，成功地发起了昌都战役，全歼了昌都敌军。随后，我军进藏主力部队乘胜向拉萨挺进。从昌都到拉萨约1150公里。战士们每人负重七八十斤，翻越了连绵横亘、终年积雪的大山19座，跨过了寒冷刺骨的冰水江河数十条，穿越了一片片原始森林和沼泽地带。从边坝到太昭（工布江达）间的8天路程，是川藏道上视为畏途的"恶八站"。

　　这里山高路险，鸟兽罕见，忽而晴空万里，忽而风雪交加，异常寒冷。在爬山时由于严重缺氧，大家一动数喘，步履艰难。有的雪山一天翻不过去就露宿雪窝，晚上积雪压倒帐篷，起床时被子和篷布冻在了一起。由于补给困难，有时每人每天只能吃到两代食粉。有时气温降到零下20多摄氏度，一碗代食粉糊糊喝不完就结成了冰糊。有的部队断粮时就采野菜、挖草根，甚至捉地鼠、捕麻雀，弄到什么吃什么，担任先遣支队司令员兼政委的王其梅

同志带头以马料掺和野菜充饥……

经过长途跋涉，历尽艰辛，我军进藏部队终于于1951年10月26日到达拉萨，并举行了隆重的入城式，受到拉萨各界2万多人的热烈欢迎。

同年12月1日，西北进藏的独立支队也胜利到达拉萨，接着，部队又不畏艰险继续挺进，分别进驻察隅、江孜、日喀则、亚东、阿里、隆子宗等重要战略要地。

◎故事感悟

山高，路险，沟深，流急，严寒，饥饿，病痛……却难不倒英雄的人民解放军战士。1950年，为了解放西藏，解放军的一支部队徒步进入西藏，他们克服了世人难以克服的艰难险阻，胜利地进入西藏，粉碎了敌人的阴谋，维护了祖国的统一，为解放全中国作出了贡献。历史的功劳簿上永远有其光辉的一页！

◎史海撷英

和平解放西藏

1951年5月23日签订了关于和平解放西藏办法的协议。班禅和堪布厅也发表声明，指出协议"完全符合中国各族人民，特别是西藏民族人民的利益"。同年10月26日，人民解放军在西藏人民的支持下顺利进驻拉萨，西藏和平解放。西藏和平解放结束了西藏近代以来遭受帝国主义、殖民主义侵略的历史，使一度离散的游子重新回到母亲的怀抱，为新中国的国家统一、民族团结大业，同时也为西藏的民主改革和民族区域制度的建立，为西藏的社会进步、经济发展奠定了坚实的基础，使西藏民族和西藏人民走上了团结、进步、发展的光明大道。